I0367670

www.ingramcontent.com/pod-product-compliance
Lightning Source LLC
Chambersburg PA
CBHW072153070526
44585CB00015B/1114
9781777610777

دیدگاه‌هایی دربارهٔ کوچینگ

رموز کوچینگ ماهرانه
به قلم متخصصانی از سراسر دنیا

مقدمه به قلم
دکتر مارشا رینولدز
نویسندهٔ کتاب «فرد را کوچ کن و نه مشکل را»

NORTHSTAR SUCCESS

کپی رایت ۲۰۲۴ شرکت نورث استار ساکسس. تمام حقوق قانونی این اثر محفوظ است.

برای سفارش عمدهٔ کتاب و درخواست مجوز استفاده از این اثر، با ایمیل شرکت به آدرس زیر تماس بگیرید.

support@northstarsuccess.com

به این وسیله گواهی می‌شود که براساس بخش ۷۷ از قانون کپی رایت طراحی و ثبت اختراعات، شرکت نورث استار ساکسس مالک قانونی این اثر است.

شابک: ۹۷۸-۱-۷۷۷۶۱۰۷-۷-۷

هیچ بخشی از این اثر را نمی‌توان چه برای استفادهٔ عمومی یا خصوصی اسکن یا کپی کرد، ذخیره‌سازی آن به هر وسیله‌ای، چه الکترونیکی، چاپی، فتوکپی، ضبط‌شده یا غیره خلاف قانون است. در مقالات علمی و مقالات مروری به‌صورت کوتاه، بدون اجازهٔ قبلی از شرکت نورث استار ساکسس می‌توان از این کتاب با ذکر منبع نقل قول کرد.

این اثر غیرداستانی است و هر شباهت اسمی، خصوصیات شخصی و جزئیات افراد چه زنده و چه مرده، به‌صورت کاملاً تصادفی و غیرعمدی است. نویسندگان اثر، مسئول محتوا و نظرات مطرح‌شده هستند. از ابزارهای هوش مصنوعی برای کمک به ترجمه و ویرایش محتوای نوشته‌های نویسندگان استفاده شده است. محتواهایی که با هوش مصنوعی ایجاد یا ترجمه شدند، همگی با رعایت قوانین کپی رایت بودند.

خواننده مسئول اعمال و نتایج خود است و در صورت نیاز به مشاورهٔ حرفه‌ای یا حقوقی، باید به دنبال خدمات تخصصی مربوط باشد.

برای سفارش کلی کتاب و تخفیف ویژه برای تبلیغات، جذب سرمایه و استفادهٔ آموزشی، لطفاً با شرکت نورث استار ساکسس تماس بگیرید. تهیهٔ گزیده‌های کتاب هم در صورت نیاز امکان‌پذیر است.

منتشرشده در شرکت نورث استار ساکسس

 www.northstarsuccess.com

 support@northstarsuccess.com

 Tel: +1 647 479 0790

فهرست

مقدمه ۷

دکتر شهاب اناری
کوچینگ؛ تکنولوژی جدید تغییر ۱۱

اسحاق احمدی
سفر درونی من به کوچینگ ۳۷

سپیده بهبودی
(بانوی شایسته ۲۰۲۳ نیویورک)
خود واقعی ۵۳

نسیم حیدری
جوجه اردک زشت ۶۹

محسن خاکی
از ظرفیت‌شناسی تا برندسازی؛ اعتماد، قدرتی نرم برای رشد سازمانی ۸۳

مریم رسولی
رقص در برابر تقدیر ۹۹

ندا رضایی‌آذر
کوچینگ و مبانی سواد شهودی ۱۱۳

الهام روحانی
کوچینگ؛ جشن گرفتن زندگی آن‌گونه که هست! ۱۲۹

باربد رییسی
۷۸۶؛ باربد و معجزهٔ کوچینگ ۱۴۵

فرناز فخرالدینی
احساس ارزشمندی ۱۶۳

دکتر حدیث مجد
قهرمان زندگی خودت باش!
قصه‌های حدیث ۱۷۷

دکتر حدیث مظفری
سفری از ماراتن دستاوردها تا زندگی واقعی ۱۹۱

محمد مهری
وقتی خود را در آسمان ملاقات کردم ۲۰۳

کتایون هاشمی مطلق
معجزۀ انعطاف‌پذیری
روایتی از پذیرش و تغییر ۲۱۷

لیلا هوشیاری
در جست‌وجوی راهی برای پیدا کردن پاسخی که
باوردارم در درونم پنهان شده است ۲۳۳

مقدمه

مقدمه

اولین باری که شاهد یک جلسهٔ کوچینگ[1] بودم، متوجه شدم که کوچینگ تجربه‌ای است که در آن، فرد دانشش را دربارهٔ خودش و موقعیتی که با آن روبه‌روست افزایش می‌دهد، درحالی‌که با اعتمادبه‌نفس به انجام اقداماتی که لازم است متعهد می‌شود. همان‌جا بود که فهمیدم کوچینگ و یا مربی‌گری یک تکنولوژی یادگیری ویژه است که تغییرات رفتاری بلندمدت ایجاد می‌کند.

کوچینگ با آموزش، مشاوره و منتورینگ[2] متفاوت است. در آموزش و منتورینگ، اطلاعات، مطالعات موردی و جلسات تمرینی طراحی‌شده به دانشجو ارائه می‌شود، درحالی‌که کوچینگ یا مربی‌گری هم‌آفرینی یک مشارکت است؛ جایی که بازتاب افکار و پرسش‌های کوچ، مراجع را وادار به دیدن و سؤال کردن در مورد نحوهٔ تفکر خود می‌کند، و درنتیجه روایت‌هایی را که بر اساس آن‌ها زندگی می‌کند تغییر می‌دهد. این فرایند هم تحول‌آفرین و هم توانمندساز است. این یک رویکرد یکسان برای همه نیست؛ بلکه یک تجربهٔ شخصی‌سازی‌شده است که مناسب با آرزوها و چالش‌های منحصربه‌فرد هر مراجع طراحی شده است.

در دنیای امروز، نیاز به کوچینگ بیش از هر زمانی احساس می‌شود. با افزایش سرعت تغییرات، افراد و سازمان‌ها به دنبال یک «شریک فکری» برای پیمایش پیچیدگی‌های زندگی حرفه‌ای و شخصی خود هستند. کوچ‌ها، در اصل، آن شرکای فکری بدون قضاوت هستند. کوچینگ فقط دربارهٔ پرسیدن سؤالاتی با پاسخِ باز نیست. هدف

---

1 Coaching
2 Mentoring

دیدگاه‌هایی درباره کوچینگ

ما جرقه زدن بینش‌های خلاقانه‌ای است که داستان‌های قدیمی را بشکند؛ داستان‌هایی که توسط باورهای منسوخ‌شده، ترس‌های محدودکننده و شک‌های بی‌پایه نگه داشته شده‌اند. فرایند کوچینگ مبتنی بر افزایش آگاهی بر پایهٔ طرح سؤالات تأمل‌برانگیز است. در کوچینگ استفادهٔ مؤثر از جملات بازتابی، که آنچه را مراجع به اشتراک می‌گذارد خلاصه و کپسوله می‌کند، به اندازهٔ سؤالات قدرتمند است. سؤالاتِ کنجکاوانه اغلب به دنبال یادآوری‌های کوتاه می‌آیند. با طرح این سؤالات، مراجع می‌تواند نحوهٔ تفکر خود را به گونه‌ای ببیند که خود به‌تنهایی نمی‌توانست. یک کوچ همچنین می‌آموزد که چگونه از حضور خود برای ایجاد امنیت روانی، که تسهیل‌کنندهٔ تحولات در مراجع است، استفاده کند.

کوچ باید از «فهرست‌های سؤالات از پیش طراحی‌شده» و مدل‌های کوچینگ یکسان اجتناب کند. ایجاد تحولات در افراد نیازمند یک کاوش عمیق در نحوهٔ فرمول‌بندی افکار و احساس فرد دربارهٔ افکارش در لحظه است. این امر تنها با به چالش کشیدن فرضیات، بازنگری در دیدگاه‌ها، و حمایت از افراد برای شناخت باورها، ارزش‌ها، نیازها و مکانیسم‌های دفاعی‌شان ممکن است. کوچ‌ها، الهام‌بخش مراجعین برای استفاده از دانش خود، کنار گذاشتن موانع درونی و انجام انتخاب‌های جدید هستند. این فرایند حیطهٔ توانایی‌های افراد را گسترش می‌دهد. این تحولات حتی می‌توانند فراتر از فرد گسترش یابند و خانواده‌ها، سازمان‌ها و جوامع را متحول کنند.

در دو دههٔ گذشته، کوچینگ دچار تحولی شگرف شده است: امکانی که زمانی فقط برای مدیران سطح بالا فراهم بود، اکنون به یک جریان اصلی برای تغییر تبدیل شده است. پژوهش‌های جدید در

مورد تأثیر کوچینگ، فلسفه‌های مدرن رهبری و مدیریت و دنیای کسب‌وکار، که با سرعتی باورنکردنی در حال تغییر است، همگی ابعاد جدیدی به آنچه ما به‌عنوان کوچ انجام می‌دهیم اضافه کرده‌اند. بااین‌حال، در میان این تحولات، هستهٔ اصلی ثابت مانده است: تعهد ما به این باور که افراد با حمایت مناسب می‌توانند مسیر خود را به سوی کمال ترسیم کنند و با کوچینگ شکوفا شوند.

می‌خواهم به همکارم، شهاب اناری، و تیمش در شرکت موفقیت ستارهٔ شمال بابت حمایت‌های فراوانشان از کوچینگ و تهیهٔ این کتاب برای گسترش اطلاعات مفید در مورد این حرفهٔ ارزشمند تبریک بگویم. بگذارید این کتاب دری به روی شما باز کند تا شاهد سهمی که کوچینگ در جهان دارد باشید و در آن مشارکت کنید.

مارشا رینولدز[1]،

دکترای روان‌شناسی، کوچ حرفه‌ایِ دارای گواهی‌نامه و

نویسندهٔ کتابِ **فرد را کوچ کن و نه مشکل را**[2]

www.covisioning.com

1 Marcia Reynolds

2 *Coach the Person, Not the Problem*

کوچینگ؛
تکنولوژی جدید
تغییر

دکتر شهاب اناری

کوچینگ؛ تکنولوژی جدید تغییر
دکتر شهاب اناری
مؤسس آکادمی کوچینگ ستارۀ شمال

فرض کنید کسی پیش شما می‌آید و می‌گوید: «من اهمال‌کاری دارم؛ کارهای مهم رو عقب می‌ندازم یا اصلاً انجام نمی‌دم. چه کار باید بکنم؟» این فرد ممکن است فرزندتان، کارمندتان، شاگردتان، مشتری‌تان یا هر مخاطب دیگری باشد. چطور به او پاسخ می‌دهید؟ طبعاً افراد مختلف با دیدگاه‌ها و تخصص‌های مختلف، پاسخ‌های متفاوتی خواهند داشت.

مثلاً یک «مدرس» که تخصصش آموزش است ممکن است بگوید: «یک دوره/ ویدئو/ کارگاه دارم که در اون پنج روش مقابله با اهمال‌کاری رو به شما یاد می‌دم.»

یا یک «مشاور مدیریت زمان» شاید بعد از پرسیدن یکی دو تا سؤال، بگوید: «با تکنیک پومودورو[1] مشکل مدیریت زمانت کاملاً حل می‌شه. بذار بهت بگم چه‌کار باید بکنی.»

یا یک «روان‌درمانگر» ممکن است بپرسد: «در کودکی تأیید گرفتن از کدوم‌یکی از والدینت برات مهم‌تر بود؟»

همۀ موارد بالا جایگاه خودشان را دارند و می‌توانند در حل مسئلۀ اهمال‌کاری مؤثر و مفید باشند. البته تأکید می‌کنم که همۀ این‌ها مثال است و معنایش این نیست که همۀ مدرس‌ها، مشاورها یا

---

[1] Pomodoro Technique

دیدگاه‌هایی درباره کوچینگ

تراپیست‌ها عیناً مانند بالا واکنش نشان می‌دهند.

اما یک کوچ حرفه‌ای چگونه به این مسئله واکنش نشان می‌دهد؟ کوچ حرفه‌ای سؤالاتی از این دست می‌پرسد:

- تعریفت از اهمال‌کاری چیه؟
- چه شواهدی داری که نشون می‌ده اهمال‌کاری می‌کنی؟
- در مواردی که اهمال‌کاری نداری، چطور عمل می‌کنی؟
- به نظرت اهمال‌کاری نشون می‌ده تو به چه چیزی نیاز داری؟
- و ...

و نهایتاً بر اساس یک گفت‌وگوی بالغانه، به فرد کمک می‌کند به آگاهی «شخصی» و راه‌حل «منحصربه‌فرد» خود برسد. این راه‌حل برای یک نفر ممکن است نوشتن برنامه‌اش در تقویم باشد، برای دیگری ممکن است تغییر دیدگاهش دربارهٔ کمال‌گرایی باشد، برای یک نفر دیگر شاید غلبه بر ترس از قضاوت مردم باشد و ...

در کوچینگ، نگاه فرد به موضوع عمیق‌تر می‌شود، به‌طوری که می‌تواند از درون خودش به راه‌حل شخصی خودش برسد؛ بدون اینکه کسی از بیرون، راه‌حل از پیش تعیین‌شده‌ای به او پیشنهاد دهد.

یک مثال دیگر:

فرض کنید مدیرعامل یک شرکت به شما می‌گوید: «یکی از مدیرانمون توی جلسات از هر پیشنهادی که بقیه می‌دن ایراد می‌گیره و انگار با همه خصومت داره... این خیلی عصبانیم می‌کنه.» اگر شما باشید، چه پاسخی به او می‌دهید؟

یک «مدرس» که در آموزش تخصص دارد، ممکن است دوره/ ویدئو/

کارگاه روش‌شناسیِ[1] ارتباط بدون خشونت[2] (NVC) را به او پیشنهاد دهد.

یک مدیر باتجربهٔ دیگر در نقش «منتور»[3] ممکن است بگوید: «مدیران تو همه با هم فرق دارن و هرکدوم از یک نقطه‌نظر به موضوع نگاه می‌کنن. من اگه جای تو بودم، حرف همه رو می‌شنیدم و نهایتاً خودم تصمیم می‌گرفتم.»

یک «مشاورِ» هوش هیجانی ممکن است بگوید: «عصبانی می‌شی؟ آیا تا حالا قبل از جلسات برای مدیریت احساسات هیجانی، از تکنیک مراقبه[4] استفاده کردی؟»

همهٔ موارد بالا ارزشمند است و می‌تواند مؤثر باشد اما پاسخ یک کوچ متفاوت است:

- به نظر تو تعامل سازندهٔ مدیران در جلسات باید چطور باشه؟
- گفتی اون فرد با دیگران مخالفت می‌کنه؛ انگار خصومت داره. چه چیزی باعث می‌شه این نتیجه رو بگیری؟
- چطور می‌شه که مخالفت اون با دیگران، «تو» رو عصبانی می‌کنه؟
- و ...

کوچ حرفه‌ای کمک می‌کند فرد عمیق‌تر فکر کند، نوع نگاهش به مسئله را تغییر دهد و به راه‌حل شخصی منحصربه‌فرد خودش – از درون خودش – برسد؛ بدون اینکه راه‌حل از پیش تعیین‌شده‌ای به او ارائه شود.

1 Methodology
2 Nonviolent Communication
3 Mentor
4 Meditation

چرا وقتی فردی مشکلی پیش ما می‌آورد، بهتر است با کوچینگ شروع کنیم؟

عادت اغلب ما این است که وقتی فردی مشکلی را با ما در میان می‌گذارد، به او راه‌حل ارائه می‌دهیم؛ فرقی نمی‌کند این فرد فرزند نوجوانمان، کارمندمان، شاگردمان یا هر کس دیگری باشد. چرا بهتر است (به تعبیر مایکل بانگی استنیر[1]) هیولای نصیحت‌کنندهٔ درونمان را رام کنیم و کمی کنجکاوتر، با کوچینگ شروع کنیم؟

۱. اولاً، مسئله‌ای که فرد در ابتدا مطرح می‌کند غالباً مسئلهٔ اصلی نیست. وقتی خوب فکر می‌کنید، به این نتیجه می‌رسید که اگر مسئله همانی بود که او می‌گوید، احتمالاً خودش تابه‌حال حلش کرده بود. غالباً ریشهٔ مسئله کمی عمقی‌تر است و با کنجکاوی می‌تواند روشن‌تر شود. به مثال‌های بخش قبلی همین مقاله دوباره فکر کنید.

۲. ثانیاً، حتی اگر مسئله همانی باشد که فرد می‌گوید، راه‌حلی که ما ارائه می‌دهیم لزوماً بهترین پاسخ مناسب برای این فرد نیست. هر انسانی با دیگری فرق دارد و راه‌حل شخصی مناسب او ممکن است با دیگران تفاوت داشته باشد. مثلاً برای رفع مشکل تمرکز، یک نفر بهتر است مراقبه کند، دیگری بهتر است چک‌لیست داشته باشد، یک نفر دیگر بهتر است هدفش را شفاف‌تر کند و...

۳. ثالثاً، حتی اگر مسئله همانی باشد که فرد می‌گوید و حتی اگر راه‌حل ما بهترین راه‌حل برای او باشد، ارائهٔ راه‌حل از طرف ما، بهترین راه توانمند کردن او نیست.

---

1 Michael Bungay Stanier

ارائهٔ راه‌حل، او را به ما وابسته می‌کند و با این کار، به جای «ماهی‌گیری یاد دادن» صرفاً به او ماهی داده‌ایم.

البته این به این معنا نیست که در روابط انسانی هیچ‌وقت نمی‌توانیم به دیگران آموزش دهیم یا به آن‌ها راه‌حل ارائه کنیم. برخی اوقات، اتفاقاً بهترین کار آن است که فرد در زمینه‌هایی مهارت و دانش به دست آورد (و آموزش ببیند) یا در موقعیت‌های کاری خاص، که شرایط اضطراری وجود دارد، گاهی باید با ارائهٔ راه‌حل وضعیت را مدیریت کرد.

اما نکتهٔ اساسی این است که در اغلب اوقات می‌توانیم با «کوچینگ» شروع کنیم تا فرد مقابلمان از درون خودش به راه‌حل منحصربه‌فرد خود برسد.

نمونه گفت‌وگوی کوچینگی

در این مقاله، فرصت و امکان گنجاندن یک گفت‌وگوی کوچینگیِ کامل وجود ندارد، اما چند سطر زیر به شما نشان می‌دهد گفت‌وگوی یک کوچ حرفه‌ای با مراجعش چه حال‌وهوایی دارد:

- مراجع: در این مقطع از زندگی که دارم بازنشسته می‌شم، نمی‌دونم برای مسیر شغلی بعدیم چه‌کار می‌خوام بکنم. اصلاً از اینکه کلمهٔ بازنشستگی رو به کار ببرم خوشم نمی‌آد.
- کوچ: اگه بازنشستگی کلمهٔ مناسبی نیست، دوست داری چطور به این مرحله از زندگیت نگاه کنی؟
- مراجع: مسیر شغلی قبلیم رو عاشقانه دوست داشتم، دوست دارم مسیری رو پیدا کنم که توی اون احساس

کنم رسالتم رو انجام می‌دم و برای جامعه مفیدم.
- کوچ: الآن فکر می‌کنی در مقیاس ۱ تا ۱۰ چقدر این مسیر جدید برات شفافه؟ ۱ یعنی اصلاً و ۱۰ یعنی کاملاً.
- مراجع: فکر کنم حدوداً ۳.
- کوچ: به خودت نمرهٔ ۳ دادی. چه چیزهایی می‌دونی که باعث شد به خودت ۳ بدی و نه ۱ یا ۲؟
- مراجع: ببین، من می‌دونم قلباً معلم هستم. هر موقع به کسی چیزی رو یاد می‌دم، به وجد می‌آم. همه هم این انرژی رو از من دریافت می‌کنند. اما طبعاً نمی‌خوام کارم همون مسیر قبلی باشه یا مثلاً معلم مدرسه بشم. دقیقاً نمی‌دونم تو این مقطع از زندگی چه‌کار باید بکنم.
- کوچ: فرض کن امشب خوابیدی و فردا صبح که بیدار می‌شی، به‌طور معجزه‌آسایی همه چیز مطابق میلت شده و دقیقاً داری زندگی دلخواهت رو زندگی می‌کنی. نپرس چطوری، فقط فرض کن. چه نشونه‌هایی بهت ثابت می‌کنه که داری زندگی ایده‌آلت رو زندگی می‌کنی؟
- ...

تاریخچهٔ کوچینگ: کوچینگ از گذشته تاکنون

شاید بتوان سقراط را اولین کوچ جهان دانست. سقراط هنگام آموزش شاگردانش یا هنگام گفت‌وگو با آن‌ها دقیقاً از روشی استفاده می‌کرد که امروز در کوچینگ استفاده می‌شود. او در پاسخ به سؤال افراد، بر اساس گفته‌های خودشان از آن‌ها سؤال می‌پرسید تا فرد

کوچینگ؛ تکنولوژی جدید تغییر

درنهایت خودش پاسخ سؤال خود را پیدا کند.

به‌مرور، استفاده از واژهٔ کوچ و کوچینگ رواج یافت؛ تا جایی که در سال ۱۸۳۰، واژهٔ کوچ به‌صورت رسمی به واژه‌نامهٔ آکسفورد راه پیدا کرد. طبق تعریف، افرادی کوچ نامیده می‌شدند که وظیفهٔ آن‌ها هدایت دانش‌آموزان برای تمام کردن موفقیت‌آمیز امتحانات بود. حدود سی سال بعد، همین واژه برای مربیان ورزشی نیز به کار برده شد.

یکی از مهم‌ترین موضوعاتی که باعث شکل‌گیری کوچینگ به‌شکل امروزی شد، این بود که با توجه به رقابتی شدن کسب‌وکارها، مدیران نیاز داشتند با رهبریِ درست و اصولی آشنا شوند. این رویکرد از دههٔ ۱۹۴۰ جدی‌تر شد و در دههٔ ۱۹۶۰ رسمیت یافت.

از اوایل دههٔ ۶۰ میلادی، هم‌زمان با فراگیرتر شدن زندگی مدرن، مباحث مربوط به رشد فردی بر اساس روان‌شناسی انسان‌گرا[1] شکل گرفت. آبراهام مازلو[2] و کارل راجرز[3] دو فرد تأثیرگذار در این حیطه بودند. بسیاری از مباحثی که این دو در روان‌شناسی انسان‌گرا مطرح کردند، پیش‌زمینهٔ شکل‌گیری کوچینگ، و به‌خصوص لایف‌کوچینگ[4] در دنیای امروز شد.

رویکرد کوچینگ به‌شکل امروزی، در سال ۱۹۷۲ توسط تیموتی گالوی[5] با انتشار کتاب **بازی درونی تنیس**[6] آغاز شد. گالوی بر

---

1 Humanistic psychology
2 Abraham Maslow
3 Carl Rogers
4 Life Coaching
5 Timothy Gallwey
6 *The Inner Game of Tennis*

این عقیده بود که یک ورزشکار برای موفقیت در یک بازی، ابتدا باید با افکار درونی خود کنار بیاید و در بازی درونی خودش موفق شود.

این کتاب، بازی درونی را محدود به تنیس نکرد و به این موضوع جامعیت بخشید که برای رسیدن به موفقیت باید از درون آغاز کرد و انسان برای فائق شدن بر تمام چالش‌های خود با یک بازی درونی روبه‌روست.

جان ویتمور[۱] و گراهام الکساندر[۲] این تئوری را گسترش دادند و از آن برای ابداع مدل GROW[۳] در کوچینگ استفاده کردند. در سال ۱۹۹۲ با انتشار کتاب موفق **کوچینگ برای عملکرد**[۴] از جان ویتمور، رویکرد کوچینگ به‌طور جدی وارد بازار شد.

پس از سه سال، در سال ۱۹۹۵، توماس لئونارد[۵]، نام‌آشنای دیگری در این صنعت، با همراهی افرادی دیگر فدراسیون جهانی کوچینگ[۶] (ICF) را تأسیس کرد.

کوچینگ حرفه‌ای در شکل امروزی خود ریشه در رشته‌های گوناگونی ازجمله مشاوره، مدیریت منابع انسانی[۷] (HR) و توسعهٔ سازمانی[۸] (OD)، آموزش، یادگیری بزرگسالان، فلسفه، و گرایش‌های

---

1 John Whitmore
2 Graham Alexander
3 Goal, Reality, Options and Will
4 Coaching for Performance
5 Thomas J. Leonard
6 International Coaching Federation
7 Human Resources
8 Organization Development

روان‌شناسی مانند روان‌شناسی صنعتی/ سازمانی[1] (I/O)، روان‌شناسی مشاوره، روان‌شناسی بالینی و روان‌شناسی اجتماعی دارد.

تفاوت کوچینگ و روان‌شناسی

جدول زیر به‌طور خلاصه تفاوت‌های کوچینگ و علم روان‌شناسی را شرح می‌دهد:

تفاوت‌های کوچینگ و روان‌شناسی

روان‌شناسی	کوچینگ
یک رشتهٔ علمی است.	یک مهارت یا رشتهٔ شغلی است.
فرصت‌های شغلی آن به‌صورت بالینی یا تحقیقاتی-آموزشی یا هردو است.	فرصت‌های شغلی آن به‌صورت همکاری با سازمان‌ها و افراد در حیطه‌های فردی، بازرگانی، روابط و ... است.
تمرکز اصلی آن روی گذشته، بیماری‌ها و اختلالات روانی مراجع است.	تمرکز اصلی آن روی «آگاهی و اقدام» مراجع است.
شاخه‌های جدیدتر آن روی شکوفایی انسان نیز کار می‌کنند.	به‌صورت فردی و گروهی قابل انجام است و قابل ارائه به عموم افراد، بیزینس‌ها و سازمان‌های دیگر است.
بسیاری از روان‌شناسان در حال آموختن کوچینگ هستند.	

---

1 Industrial and Organizational Psychology

کوچ چه کاری انجام می‌دهد؟

کوچ یک پرسشگر کنجکاو، شنوندهٔ دقیق، بازگوکنندهٔ واقعیت، حامی و مشوق بدون قضاوت است که مراجع را مسئول زندگی خودش می‌داند. کوچ باور دارد که مراجع فردی کامل و خلاق است که خودش می‌تواند راه‌حل چالشش را پیدا کند. یک کوچ از طریق فرایند کوچینگ می‌تواند به مراجع خود کمک کند تا از نقطه‌ای که در حال حاضر در آن قرار دارد، به نقطهٔ ایده‌آلش برسد و در طی این مسیر بر چالش‌ها و موانع درونی و بیرونی غلبه کند. به‌عنوان مثال:

- کوچ به مراجع کمک می‌کند ایده‌هایش را در محیطی امن و بدون قضاوت بررسی کند.
- کوچ به مراجع کمک می‌کند جواب پرسش‌هایش را در درون خود پیدا کند (صلاح مملکت خویش خسروان دانند).
- کوچ به مراجع کمک می‌کند تا خودش و باورهایش را بهتر بشناسد، به ارزش‌های خود آگاهی داشته باشد و حقیقت دنیای اطرافش را صحیح‌تر ببیند.
- کوچ مراجع را نسبت به نقاط کوری که در زندگی‌اش وجود دارد، آگاه می‌سازد.
- کوچ باورهای مراجع را به چالش می‌کشد تا بتواند گسترده‌تر از چارچوب ذهنی خود فکر کند.
- در اثر کار با کوچ، مراجع برای رسیدن به هدفش برنامه‌ریزی می‌کند و به انجام اقدامات ضروری متعهد می‌شود.
- کوچ مراجع را در مسیر رسیدن به اهدافش همراهی می‌کند؛ وقتی اقداماتش موفق است تشویقش می‌کند و

وقتی موفـق نیسـت، کنجکاوانـه و بـدون قضاوت در کنـارش می‌مانـد تـا بهتریـن تصمیـم را بگیـرد.
- کـوچ بـه مراجـع کمـک می‌کنـد تـا موانـع مسـیر را شناسـایی کنـد و بـرای از میـان برداشـتن آن‌هـا چاره‌ای بیندیشـد.
- به‌طـور خلاصـه، کـوچ بـه مراجـع کمـک می‌کنـد از نقطـهٔ A بـه نقطـهٔ B بـرود و در راسـتای ایـن هدف، آگاهـی‌اش را افزایـش دهـد و بـرای رسـیدن بـه هـدف خـود تـلاش کنـد.

چه زمانی به کوچ نیاز است؟

به‌طور کلی، در این موارد می‌توان از کمک یک کوچ بهره برد:

- وقتـی اقـدام یـا تغییـر مهمـی را در زندگی‌تـان شـروع کرده‌ایـد، امـا ایـن اقـدام یـا تغییـر رشـد قابل‌توجهـی نداشـته اسـت و رونـد کنـدی را طـی می‌کنـد، یـک کـوچ می‌توانـد بـه شـما در شناسـایی و حـل موانـع و مشـکلات مسـیر کمـک کنـد.
- وقتی اقـدام یـا تغییـر مهمـی را شـروع کرده‌ایـد امـا بـه بن‌بسـت خورده‌ایـد و نمی‌دانیـد مشـکل کجاسـت، بهره‌منـدی از کوچینـگ بسـیار راهگشاسـت.
- گاهی هـم تـازه می‌خواهیـد اقـدام یـا تغییـر مهمـی در زندگی‌تـان صـورت دهیـد و می‌خواهیـد از همـان ابتـدا یـک فـرد متخصـص کنارتـان باشـد و بـا شـما همفکـری کنـد.

مـوارد بـالا می‌توانـد در زندگـی شـخصی و زندگـی حرفـه‌ای، در کسب‌وکار، در سـازمان‌ها، در روابـط، و در حیطه‌هـای دیگـر مصـداق داشـته باشـد.

کوچینگ برای چه افرادی مناسب است؟

به‌طـور کلـی هـر فـردی کـه از سـلامت روان برخـوردار اسـت و بـه دنبـال رشـد و رضایتمنـدی در زندگـی حرفـه‌ای و شـخصی خـود اسـت، می‌توانـد از کوچینـگ بهره‌منـد شـود. کوچینـگ بـرای افـرادی مناسـب اسـت کـه در اتفاقــات زندگــی، تمرکــز را بــر ســهم خــود گذاشــته‌اند و به‌جــای پیـدا کـردن مقصـر، بـه دنبـال راه‌حـل مشـکلات و مسـائل خـود هسـتند. کوچینــگ عمدتــاً بــرای کســانی مفیــد اســت کــه در مســیر رشــد خــود، حاضـر بـه تغییـر هسـتند.

بنابرایــن مــردم می‌تواننــد در حوزه‌هــای مختلــف از کوچینــگ بهره‌منــد شـوند. بـر ایـن اسـاس، اشـاره بـه چنـد تخصـص از کوچینـگ خالـی از لطـف نیسـت:

۱. بیزینس‌کوچینـگ[1]: در بیزینس‌کوچینـگ، مراجـع بـا همراهـی کــوچ نســبت بــه موانــع مســیر و همین‌طــور راه‌حل‌هــا و ایده‌هــای خلاقانــه در کســب‌وکار خــود آگاه می‌شــود و بــا برنامه‌ریـزی، کـه توسـط خـودش صـورت می‌گیـرد، قـدم بـه قـدم پیـش مـی‌رود.
۲. کوچینــگ روابــط[2]: ایــن تخصــص کوچینــگ بــه بررســی چالش‌هـای یـک رابطـه و تغییـر نـوع نـگاه هریـک از طرفیـن رابطـه و اینکـه هرکـدام از آن‌هـا چـه مسـئولیت و نقشـی در آن رابطـه دارنـد، تمرکـز دارد. البتـه ایـن تخصـص به‌طـور اختصاصی‌تـر هـم طبقه‌بنـدی می‌شـود، مثـلاً کوچینـگ والدیـن، زوجیـن و ...

1 Business Coaching
2 Relationship Coaching

۳. کوچینگ هدف وجودی[1]: در این نوع کوچینگ، مراجع از نگاه خودش به تعریف موفقیت و معنای زندگی می‌رسد و این موضوع کمک می‌کند تا در زمان تصمیم‌گیری در موارد مختلف به‌صورت آگاهانه اقدام کند.

۴. کوچینگ سلامت[2]: در کوچینگ سلامت، مراجع از نگاه خودش به تعریف سبک زندگی سالم می‌رسد و به عادت‌های فکری‌ای که منجر به سلامتی می‌شود، دست پیدا می‌کند.

البته ده‌ها تخصص دیگر کوچینگ هم وجود دارد و هر روز هم به این لیست افزوده می‌شود.

کوچینگ چه اثری در تحول فردی و سازمانی دارد؟

یکی از مهم‌ترین نیازهای اساسی انسان رشد و شکوفایی و دستیابی به اهدافش است. برخی از افراد برای رسیدن به اهداف خود در دوره‌های آموزشی مختلف شرکت می‌کنند، کتاب‌های متعدد را مطالعه می‌کنند و از مشاوران و منتورها در این زمینه کمک می‌گیرند، اما نتیجهٔ مطلوب را به دست نمی‌آورند؛ زیرا هرگز به مرحلهٔ «اقدام» نمی‌رسند. تعدادی دیگر نیز «اقدام» می‌کنند اما نقاط کور و نقاط قوت خود را نمی‌بینند، درنتیجه مسیرشان منحرف می‌شود و با شکست روبه‌رو می‌شوند. کوچینگ مهارتی است که شکاف میان دانش و عمل را پر می‌کند. برای تبدیل دانش به عمل توسط هر انسانی مسیر منحصربه‌فردی وجود دارد که از فردی به فرد دیگر تفاوت دارد. کوچینگ دقیقاً

1 Life Purpose Coaching
2 Health Coaching

مناسب افرادی است که می‌خواهند راه‌حل منحصربه‌فرد خود را پیدا کنند و اقدامات لازم برای رسیدن به هدفشان را عملی کنند. در سایت coachhub در رابطه با تأثیر کوچینگ بر افراد، آمار زیر به‌صورت رسمی منتشر شده است:

- ۹۶٪ از افراد در سال ۲۰۲۳ برای بهبود روابط خود از کوچینگ بهره برده‌اند.
- ۹۰٪ برای دستیابی به اهداف خود از کوچینگ کمک گرفته‌اند.
- ۸۹٪ با بهره‌مندی از کوچینگ دیدگاه‌های جدید پیدا کرده‌اند.
- ۸۶٪ از طریق کوچینگ نقاط قوت و ضعف خود را شناسایی کرده‌اند.
- ۸۱٪ با کوچینگ توانسته‌اند مهارت‌های جدید یاد بگیرند.
- ۷۹٪ به‌وسیلهٔ کوچینگ توانسته‌اند باعث ایجاد رفتارهای موفق در خود شوند.

مطالعهٔ Fortune[1] ۱۰۰۰ نشان می‌دهد که میانگین بازگشت سرمایه[2] (ROI) در کوچینگ اجرایی تقریباً شش برابر آن چیزی است که در ابتدا برای خدمات کوچینگ پرداخت می‌کنند.

طبق گفتهٔ موسسهٔ کوچینگ[3]، از مؤسسات وابسته به دانشکدهٔ پزشکی هاروارد، بیش از ۷۰ درصد از دریافت‌کنندگان کوچینگ بهبود

۱ فهرست Fortune ۱۰۰۰، توسط مجلهٔ تجاری آمریکایی Fortune گردآوری می‌شود و شامل ۱۰۰۰ شرکت بزرگ آمریکایی است که بر اساس درآمد رتبه‌بندی شده‌اند.

2 Return on investment

3 Institute of Coaching

قابل‌توجهی در روابط، ارتباطات و عملکرد کاری خود تجربه می‌کنند.

طبق آمار انجمن مدیریت منابع انسانی مدیریت نیروها[1]، مدیرانی که بیزینس‌کوچینگ و آموزش را با هم دریافت کرده بودند، ۸۶٪ افزایش سوددهی داشتند. در مقابل، مدیرانی که فقط آموزش را دریافت کرده بودند، ۲۲٪ افزایش سوددهی داشتند.

همچنین طبق آمار گلوبال ماتریکس ال ال سی[2]

۵۳٪ صاحبان کسب‌وکار و مدیران ارشد گزارش دادند که افزایش سوددهی داشته‌اند.

۶۱٪ صاحبان کسب‌وکار اعلام کردند که رضایت شغلی پیدا کرده‌اند.

۲۳٪ مدیران ارشد اعلام کردند که با کمک کوچینگ، هزینه‌های عملکردی آن‌ها کاهش پیدا کرده است.

۲۲٪ سازمان‌ها اعلام کردند که به‌وسیلهٔ کوچینگ، افزایش سوددهی داشته‌اند.

۶۷٪ صاحبان کسب‌وکار و مدیران ارشد اعلام کردند که مهارت‌های مرتبط با کسب‌وکار آن‌ها ارتقا پیدا کرده است.

و کسب‌وکارهایی که برای کوچینگ هزینه پرداخت کرده بودند، به ازای هر ۱٬۰۰ دلار، ۷٬۹۰ دلار بازگشت سرمایه داشته‌اند.

کوچینگ مهارتی است که فاصلهٔ میان دانش و عمل را پر می‌کند. همیشه برای تبدیل دانش به عمل توسط هر انسانی مسیر منحصربه‌فردی وجود دارد که برای هرکس متفاوت است. کوچینگ،

---

1 Personnel Management Association
2   Metrix Global LLC

دقیقاً مناسب افرادی است که می‌خواهند راه‌حل منحصربه‌فرد خود را پیدا کنند و برای رسیدن به هدفشان به اقدامات ضروری متعهد شوند.

آیا می‌توانیم بدون مدرک کوچینگ، کوچینگ انجام دهیم؟

بله، می‌توانید!

این پاسخ عجیب و غیرمنتظره، همیشه سؤالات دیگری را ایجاد می‌کند. ممکن است بپرسید: «وقتی همه به دنبال اخذ مدرک کوچینگ هستند، چه جایی برای افرادی می‌ماند که ابتدایی‌ترین آموزش‌ها را پشت سر نگذاشته‌اند؟ آیا یک پزشک بدون مدرک را انتخاب می‌کنید؟ پس چرا یک کوچ بدون مدرک کوچینگ را انتخاب می‌کنید؟ آیا این موضوع حتی ارزش صحبت کردن دارد؟»

حقیقت این است که **کوچینگ** یک صنعت تنظیم‌نشده[1] است، به این معنی که در هیچ کشوری، سازمان متمرکز دولتی‌ای وجود ندارد که نظارت مستقیمی روی کوچینگ و کوچ‌ها داشته باشد (درحالی‌که در رشته‌هایی مثل پزشکی، وکالت و ... این نظارت وجود دارد). دلیلش هم این است که کوچینگ، مهارتی بسیار نوپاست که سابقهٔ آن در جهان کمتر از سی سال و در ایران کمتر از ده سال است. البته سازمانی به نام فدراسیون جهانی کوچینگ (ICF) وجود دارد که بزرگ‌ترین سازمان خودگردان ناظر کوچینگ در جهان است، ولی این سازمان، نهادی دولتی به حساب نمی‌آید.

بله، درست متوجه شدید؛ شما برای فعالیت به‌عنوان کوچ (در ظاهر)

---

1   unregulated

نیازی به مدرک کوچینگ ندارید. اما سؤال این است: آیا می‌دانید دقیقاً وارد چه حوزه‌ای شده‌اید؟ چه اصول و قوانینی را باید رعایت کنید؟ روال یک جلسهٔ کوچینگ به چه صورت است؟ کد اخلاقی کوچینگ چیست؟ مهارت‌های لازم و شایستگی‌های بنیادی و ضروری کوچینگ کدام‌اند؟ و ...

پس متوجه می‌شویم گذراندن یک دورهٔ معتبر و دارای استاندارد بین‌المللی و دریافت یک گواهی‌نامهٔ معتبر و کارآمد امری الزامی است و چه‌بسا در بازار کنونی کوچینگ، امری رقابتی محسوب می‌شود. همچنین به لطف دنیای اینترنت، با افزایش آگاهی مردم از مدارک و مراکز معتبر موجود در این حوزه، هرچه مدارک رده‌بالاتری دریافت شود، اعتبار کوچ نزد مراجعین بالاتر خواهد رفت.

البته فراموش نکنیم گواهی‌نامه‌ها تضمینی برای برتری کیفی یک کوچ نیستند. کوچ حرفه‌ای غیر از آموزش استاندارد نیاز به تمرین و تجربهٔ عملی فراوان دارد تا ماهرانه بتواند به مراجعانش کمک کند.

چگونه بهترین مدرک کوچینگ را انتخاب کنیم؟

برای گرفتن مدرک کوچینگ، صدها انتخاب وجود دارد. از برنامه‌های کاملاً آنلاین و یا ترکیبی (حضوری و آنلاین) گرفته تا برنامه‌های کاملاً حضوری و برای هر شرایطی می‌توان انتخابی پیدا کرد.

یکی از موارد مهمی که در هر نوع گواهی‌نامه باید به دنبال آن بود، این است که آن مدرک، اعتبارش را از کجا می‌گیرد. معتبرترین و بزرگ‌ترین سازمان ناظر کوچینگ در جهان که اعتبار بین‌المللی دارد، فدراسیون جهانی کوچینگ یا ICF است. در طی سی سال گذشته، فدراسیون

دیدگاه‌هایی درباره کوچینگ

بین‌المللی کوچینگ به استانداردی طلایی برای اعتباربخشی در حرفهٔ کوچینگ تبدیل شده است، بنابراین دوره‌های آموزش کوچینگی را که با استاندارد ICF هماهنگ نیستند، فراموش کنید.

هزینهٔ جلسات کوچینگ چقدر است؟

عوامل مؤثر بر تعرفهٔ خدمات کوچینگ:

- هزینهٔ خدمات و جلسات کوچینگ به عوامل مختلفی بستگی دارد. عوامل مؤثر بر تعرفهٔ خدمات کوچینگ به‌طور کلی به شرح زیر است:
- نحوهٔ برگزاری جلسات: بر اساس اینکه جلسات آنلاین یا حضوری باشد هزینهٔ کوچینگ متفاوت خواهد بود.
- شاخه و نوع کوچینگ: انواع کوچینگ هزینه‌های متفاوتی با یکدیگر دارند. به‌طور مثال، هزینهٔ جلسات بیزینس‌کوچینگ با لایف‌کوچینگ متفاوت است. یا مثلاً کار با مدیران کسب‌وکارهای پیچیده از کار با نوجوانان غالباً پرهزینه‌تر است.
- تعداد جلسات: تعداد جلسات کوچینگ هزینهٔ کلی را تعیین می‌کند. طبعاً هزینهٔ یک قرارداد سه‌ماهه با یک قرارداد یک‌ساله متفاوت است و تعداد جلسات بر قیمت کوچینگ تأثیر دارد.
- مدت زمان هر جلسه: جلسات کوچینگ می‌تواند ۳۰ دقیقه‌ای، ۴۵ دقیقه‌ای و یا یک‌ساعته باشد و بر این اساس هزینه‌های آن متفاوت خواهد بود.
- محل برگزاری جلسات: محل برگزاری جلسات که با توجه به شرایط مشخص می‌شود بر هزینه تأثیرگذار است.

- صلاحیت‌های کوچ: این مورد با توجه به حسن شهرت و سابقۀ کوچ مشخص می‌شود و می‌تواند در میان کوچ‌های مختلف بسیار متفاوت باشد.
- گواهی‌نامه[1]‌های حرفه‌ای و بین‌المللی کوچ: اینکه کوچ چه گواهی‌نامه‌هایی را کسب کرده است و سطح اعتبار آن‌ها چقدر است، در هزینۀ جلسات کوچینگ تأثیرگذار خواهد بود.

هزینۀ جلسات کوچینگ در ایران و خارج از ایران با هم متفاوت است. در حال حاضر، مبلغ سرمایه‌گذاری برای کار با اغلب کوچ‌های فارسی‌زبان به‌طور متوسط ۵۰۰ هزار تومان در ساعت (یا خارج از ایران ۷۰ دلار در ساعت) است. این مبلغ برای کوچ‌های باتجربه‌تر به ساعتی ۱ تا ۳ میلیون تومان نیز می‌رسد (یا خارج از ایران حدود ۱۵۰-۲۰۰ دلار در ساعت). هرچند بهترین کوچ‌های ایران که در سطح بین‌المللی شناخته‌شده هستند، ساعتی ۱۰۰۰ دلار یا بیشتر دستمزد می‌گیرند.

چه کسانی دنبال مدرک کوچینگ هستند و با مدرک چه‌کار می‌کنند؟

- افرادی که می‌خواهند کسب‌وکار کوچینگ راه بیندازند و به افراد/ تیم‌ها/ سازمان‌ها خدمات کوچینگ بدهند و دنبال آموزش در سطح اول جهانی هستند.
- مدیرانی (ازجمله مدیران منابع انسانی یا مدیران کسب‌وکار و ...) که می‌خواهند مهارت کوچینگ را یاد بگیرند تا بتوانند در محیط کارشان بر اساس آخرین تکنیک‌های جهانی عملکرد و رهبری بهتری داشته

---

1 Certificate

باشند.
- مدرسان، مشاوران، روان‌شناسان یا معلمانی که می‌خواهند مهارت نوین کوچینگ را با استاندارد سطح اول جهانی یاد بگیرند.
- افرادی که دوست دارند با یادگیری مهارت‌های کوچینگ حرفه‌ای، تأثیرگذاری‌شان را بر دیگران (اعضای خانواده، دوستان، همکاران و ...) به‌طور انقلابی تقویت کنند.

قدم اول در مسیر یادگیری کوچینگ چیست؟

اگر احساس می‌کنید در این مقطع از زندگی‌تان دوست دارید مهارت کوچینگ را یاد بگیرید، خود را برای یک مسیر تحول‌برانگیز جذاب آماده کنید. افرادی که دوره‌های استاندارد کوچینگ را می‌گذرانند، بیشترین تأثیر دوره را روی خودشان می‌بینند. تقریباً همهٔ فارغ‌التحصیلان دوره‌های کوچینگ می‌گویند: «بیشتر از همه خودم متحول شدم!»

قدم اول در مسیر این یادگیری تحول‌برانگیز چیست؟ اینکه تصمیم بگیرید می‌خواهید چند ماهی روی خودتان سرمایه‌گذاری کنید و خودتان را به ابزاری مجهز کنید که با آن هدف وجودی‌تان را زندگی می‌کنید، برای دیگران ارزش‌آفرینی می‌نمایید و البته می‌توانید با آن به آزادی مالی، زمانی و مکانی برسید.

هر موقع آماده بودید، با ثبت‌نام در یک دورهٔ کوچینگ استاندارد (ترجیحاً مورد تأیید فدراسیون جهانی کوچینگ (ICF)) سفر یادگیری خود را شروع نمایید.

هدیهٔ نویسندهٔ مقاله: دورهٔ ویدئویی رایگانِ «کوچینگ حرفه‌ای و فرصت‌های شغلی و درآمدی آن».

یک دورهٔ ویدئویی رایگان برایتان آماده کرده‌ام که در آن علاوه‌بر کوچینگ، دربارهٔ بیزینس کوچینگ و همین‌طور فرصت‌های درآمدی و کاری کوچینگ (با آمارهای موثق) صحبت کرده‌ام. در این سایت می‌توانید به‌صورت رایگان و فوری به آن دسترسی پیدا کنید:

🌐 www.shahabanari.com

دیدگاه‌هایی درباره کوچینگ

کوچینگ؛
تکنولوژی جدید
تغییر

دربارۀ نویسنده

دکتر شهاب اناری بیش از ۲۵ سال در عرصۀ آموزش به فارسی‌زبانان فعالیت داشته است و در طی این مدت، از طریق دوره‌های آموزشی، کتاب‌ها و سمینارهای خود، به بیش از سه‌میلیون نفر در ۲۱ کشور جهان خدمات رسانده است. دانش‌پذیران و مراجعانش، او را به‌خاطر آموزش‌های علمی و کاربردی، منش اخلاقی و خدمات سطح اول جهانی تحسین می‌کنند. دکتر اناری دستاوردهای ملی و بین‌المللی قابل‌توجهی داشته است: او در سال ۱۳۷۶ در کنکور سراسری و آزاد ایران رتبۀ ۱ را کسب کرد، در سال ۲۰۲۰ به‌عنوان یکی از ۲۵ مهاجر برتر کانادا معرفی شد و در سال ۲۰۲۱ یک رکورد جهانی

گینـس را شکسـت. او همچنیـن بـا سـخنرانان بزرگـی ماننـد تونـی رابینـز،[1] دیپـاک چوپـرا،[2] رابـرت کیوسـاکی،[3] جـک کنفیلـد[4] و برایـان تریسـی[5] سـخنرانی مشـترک داشـته اسـت. وی همچنیـن سـابقۀ چندسـالۀ رهبـری در هیئت‌مدیـرۀ فدراسـیون بین‌المللـی کوچینـگ (ICF) در تورنتـو و انجمـن سـخنرانان حرفـه‌ای کانـادا[6] (CAPS) را دارد. دکتـر شـهاب انـاری همچنیـن بنیان‌گـذار آکادمـی کوچینـگ سـتارۀ شـمال اسـت.

در وب‌سـایت دکتـر انـاری می‌توانیـد از دوره‌هـای آموزشـی و کتاب‌هـای او به‌صـورت رایـگان اسـتفاده کنیـد:

🌐 www.shahabanari.com

---

1 Tony Robbins
2 Deepak Chopra
3 Robert Kiyosaki
4 Jack Canfield
5 Brian Tracy
6 Canadian Association of Professional Speakers

سفر درونی من به کوچینگ

اسحاق احمدی

سفر درونی من به کوچینگ
اسحاق احمدی
پژوهشگر و مشاور تجاری
مدیرعامل شرکت خدمات بازرگانی پامیکا

از محدودیت‌ها تا امکانات

داستانی در کلیله و دمنه هست که دوست دارم این فصل را با آن آغاز کنم. گنجشکی در لانه‌ای کوچک و آرام، بی‌دغدغه زندگی می‌کرد. روزی گنجشک متوجه شد که عقابی بزرگ بالای سرش پرواز می‌کند. ترسید و سریع به لانه‌اش برگشت تا از شر عقاب در امان باشد. عقاب که متوجه حضور گنجشک شده بود، پایین آمد، بر روی شاخه‌ای نزدیک لانهٔ گنجشک نشست و با صدای آرامی به او گفت: «گنجشک کوچک، چرا از من می‌ترسی؟ من قصد ندارم به تو آسیبی برسانم.»

گنجشک با ترس و لرز جواب داد: «تو عقابی بزرگ هستی و من گنجشکی کوچک. هر لحظه ممکن است به من حمله کنی و مرا بخوری.» عقاب با لبخندی گفت: «اینجا نیامده‌ام که به تو آسیبی برسانم. می‌خواهم به تو فرصت بدهم. در پایین این دره، جایی که کمتر کسی به آنجا می‌رود، غذای فراوان و دانه‌های بسیار وجود دارد. تو را به آنجا هدایت می‌کنم تا بتوانی از این فرصت بهره ببری.»

گنجشک با تردید گفت: «اما من از ارتفاع و جاهای ناشناخته می‌ترسم. اگر به پایین دره بروم و نتوانم برگردم چه می‌شود؟» عقاب پاسخ داد: «زندگی پر از فرصت‌ها و چالش‌هاست. اگر همواره در

دیدگاه‌هایی درباره کوچینگ

لانهٔ کوچک خود بمانی، هیچ‌گاه نمی‌توانی از فرصت‌های بزرگ‌تری که در انتظارت است، بهره‌مند شوی. به تو قول می‌دهم که در این سفر همراهت باشم و تو را هدایت کنم.» گنجشک از مرزهای ترس خود عبور کرد و به جایی رسید که پرندهٔ دیگری آنجا نبود.

در سه نقطهٔ دنیا زندگی کردم، هزارها راه را رفتم و از هزار راه برگشتم و تمام این‌ها باعث شد چشم‌های تیزبینی پیدا کنم. دیدن فرصت‌ها تنها چیزی بود که آموختم. در زندگی به عقاب‌ها اعتماد کردم! پرهایم را باز کردم. اگرچه پرهای من ناتوان بود، اما نترسیدم و به سمت مقصدی نامعلوم پرواز کردم.

زندگی، مانند رودخانه‌ای پرتلاطم، مسیرهای ناآشنایی دارد که ما را به‌سوی مقصدی نامعلوم هدایت می‌کند. در این سفرِ پر از ناشناخته‌ها و نامعلومات، گاه با محدودیت‌هایی روبه‌رو می‌شویم که فکر می‌کنیم مانع دستیابی به رؤیاها و آرزوهایمان هستند. این سفر، چه در درون و چه در برون، فرصتی است برای اینکه از تأثیر محدودیت‌های اجتماعی و فرهنگی بر شکوفایی نیروهای درونی نهفته‌مان آگاه شویم.

من به‌عنوان یک جوان افغانستانی در ایران با چالش‌ها و محدودیت‌های فراوانی روبه‌رو شدم، مثلاً دسترسی محدود به فرصت‌های شغلی و دیوارهای نامرئی‌ای که بین من و آینده‌ای که برای خودم متصور بودم وجود داشت.

مهاجرت با چالش‌های بزرگ همراه است، خصوصاً برای کسانی که به دنبال زندگی بهتر، از کشورهایی با شرایط سخت به کشورهای دیگر می‌روند. چالش اصلی برای افغان‌های مقیم ایران این است

که آن‌ها به دلیل قوانین و محدودیت‌های موجود، غالباً نمی‌توانند خانه‌ها و وسایل نقلیه‌شان را به نام خود ثبت کنند. این وضعیت آن‌ها را وادار می‌کند تا برای ثبت اموال خود به ایرانیان اعتماد کنند. این اعتماد خطر بالقوه‌ای برای دارایی‌های آنان ایجاد می‌کند و بر روابط فردی و اعتماد بین مهاجرین و شهروندان کشور میزبان تأثیرگذار است.

یکی دیگر از چالش‌هایی که مهاجرین در ایران با آن دست‌وپنجه نرم می‌کنند، فقدان دیدگاه سرمایه‌گذاری است. بسیاری از مهاجرین که در کسب‌وکار خود نسبتاً موفق عمل کرده‌اند، تمایل دارند به روش‌های سنتی خود ادامه دهند و از بهره‌گیری از فرصت‌های جدید کسب‌وکار، مانند ثبت شرکت و استفاده از مزایای مالیاتی و قانونی مربوط به آن، به دلیل ترس از پرداخت مالیات و ناآگاهی از قوانین، پرهیز کنند. این ناآگاهی ریشه در محدودیت‌هایی دارد که افغانستانی‌های مقیم ایران با آن روبه‌رو هستند.

گاهی فکر می‌کنم که اگر زودتر با کوچینگ[1] آشنا شده بودم، یا به خدمات یک مشاور، منتور[2] یا کوچ دسترسی داشتم، شاید اکنون در جایگاه بهتری بودم. کوچینگ، خصوصاً برای جوانان افغانستانی که با محدودیت‌های فراوان روبه‌رو هستند، بسیار راهگشاست و بر تمام ابعاد زندگی آن‌ها تأثیر شگرفی دارد.

کوچینگ به شناسایی الگوهای فکری که ما را در قید و بند خود نگه داشته‌اند و مانع پیشرفتمان می‌شوند کمک می‌کند و باعث

---

1 Coaching
2 Mentor

می‌شود بتوانیم از آن الگوهای فکری و موانع ذهنی عبور کنیم و آزادانه‌تر بیندیشیم. کوچینگ با شناسایی استعدادها و توانمندی‌های درون، به افراد کمک می‌کند تا از محدودیت‌ها رها شوند و به سمت آینده‌ای روشن‌تر قدم بردارند.

من در طول سفر خود تجارب زیادی کسب کردم و درس‌های بسیاری آموختم. این تجارب به من نشان دادند که حتی در شرایط سخت هم می‌توان رشد کرد و پیش رفت. سفر درونی من به سمت کوچینگ، به من نشان داد که چالش‌های زندگی چگونه شخصیت ما را شکل می‌دهند و دسترسی به منابع آموزشی و حمایت‌های جامعه چقدر در جهت‌دهی به زندگی افراد، به‌ویژه مهاجرین افغانستانی در ایران، اهمیت دارد.

از کاهو تا کامپیوتر

من و برادرم همواره در تابستان‌ها، در دوران فراغت از مدرسه، در کار کشاورزی به پدرمان کمک می‌کردیم. زمان برداشت کاهو، پدر از دوستانش برای بارگیری کمک می‌خواست و ما نیز به آن‌ها ملحق می‌شدیم. پدرم قبل از شروع بارگیری، عصرانه‌ای متشکل از نان بربری تازه، پنیر، گوجه، خیار و چای سیاه تهیه می‌کرد و در آلونک وسط زمین، دورهمی صمیمانه‌ای با دوستانش ترتیب می‌داد. این لحظات، فرصتی برای به اشتراک گذاشتن داستان‌ها و تجربیات‌مان بود. در این دورهمی‌ها معمولاً بحث‌هایی دربارهٔ تحصیل و کارآفرینی مطرح می‌شد، اما این بحث‌ها همواره با نوعی ناامیدی همراه بود. مثلاً اغلب با ناامیدی دربارهٔ این حرف می‌زدیم که چگونه بسیاری از جوانان با گذر از مشکلات فراوان کسب‌وکار و تحصیلات، به‌جای

پیشرفت، مجبور می‌شوند به کارگری روی بیاورند.

این تصور که تحصیلات نتیجه‌ای جز کارگری نخواهد داشت، در بین جوانان رواج پیدا کرده بود و انگیزهٔ آن‌ها را برای پیشرفت تحصیلی کاهش می‌داد. علاوه‌بر این، رسوم خانوادگی و پیروی از اطرافیان و جامعه نیز در بسیاری از موارد جوانان را به سمت یک زندگی سنتی و بدون پیشرفت هدایت می‌کرد.

در دوران دبیرستان با کمک پدرم یک کامپیوتر پنتیوم ۳[1] خریدم، اما تلاشم برای استفادهٔ بهینه از آن به دلایل مختلف به ثمر ننشست. تنها استفاده‌ام از آن کامپیوتر کار با نرم‌افزار اتوکد[2] ۱۴ بود. این در حالی بود که زمان زیادی را صرف یادگیری نقشه‌کشی در هنرستان کار و دانش کرده بودم و حتی دورهٔ کارآموزی را در شهرداری شهرمان گذرانده بودم.

بااین‌حال، هنگامی که از سوی مهندس شهرداری پیشنهاد کار گرفتم، با مشورت خانواده و در نظر گرفتن قانونمند بودن کار و درآمد، تصمیم گرفتم آن پیشنهاد را رد کنم. ای کاش آن زمان کسی بود که راهنمایی‌ام می‌کرد. پس از رد کردن پیشنهاد کار در شهرداری، با مشورت پدر و عمویم به کار کشاورزی روی آوردم، اما این کار هم بیشتر از ۶ ماه دوام نیاورد. کشاورزی کاری سخت و طاقت‌فرسا بود و علاقه‌ای هم به آن نداشتم. پس از آن، برای یافتن مسیر حرفه‌ای زندگی‌ام شغل‌های بسیاری را تجربه کردم؛ مثلاً مدتی به تراشکاری مشغول شدم و مدتی هم در انبار شرکتی در تهران کار کردم. در تمام

---

1 Pentium III
2 AutoCAD

دیدگاه‌هایی درباره کوچینگ

این شغل‌ها چالش‌های فراوانی در مسیر من قرار داشت و همهٔ این تغییر شغل‌ها و از این شاخه به آن شاخه پریدن‌ها مرا ازنظر جسمی و ذهنی خسته می‌کرد.

بالاخره، با همکاری دوستی، در زمینهٔ خدمات کامپیوتری شروع به کار کردم و در آنجا با برنامه‌های ورد،[1] فتوشاپ[2] و عکاسی آشنا شدم. این تجارب، درنهایت مرا به سمت استقلال نیمه‌حرفه‌ای سوق داد.

بعدها، با روی کار آمدن دولت جدید در افغانستان، من و خانواده‌ام علاقهٔ زیادی پیدا کردیم که به افغانستان برگردیم. در میان اعضای خانواده، پدرم تنها کسی بود که با بازگشتمان مخالف بود. بااین‌حال، تصمیم گرفتیم از محیط امن خود خارج شویم و در افغانستان زندگی جدیدی را آغاز کنیم.

زمانی که برخی از مهاجرین جرئت خروج از محیط امن خود را پیدا کردند و سختی‌های ابتدایی زندگی در افغانستان را پشت سر گذاشتند، بسیاری از آن‌ها توانستند محدودیت‌های ذهنی و فکری خود را کنار بزنند و به موفقیت‌های چشمگیری دست پیدا کنند. در مقابل، کسانی که در محیط امن خود ماندند و در کارشان خطرپذیری نداشتند، عموماً در همان وضعیت باقی ماندند. بسیاری از دوستان من نمونه‌های زنده‌ای از این وضعیت هستند. نگاه من به آموزش و آگاهی به‌عنوان عوامل قدرتمند پیشرفت، بر این باور استوار است. بنابراین، تأکید بر آموزش و آگاه‌سازی، به‌ویژه در زمینه‌های کارآفرینی و حقوق قانونی و اقتصادی، باید به‌عنوان راهبردی کلیدی در جهت

---

1 Word
2 Photoshop

هدایت و پشتیبانی مهاجرین در نظر گرفته شود. با شکستن دور باطل ترس و ناآگاهی، افراد به دانش و ابزار لازم برای ساختن آینده‌ای روشن، هم برای خود و هم برای جامعهٔ پذیرای خود، مجهز خواهند شد.

سه کشور، سه فرهنگ

زندگی من به سه کشور و سه فرهنگ مختلف گره خورده است. دو دههٔ آغازین زندگی‌ام را در ایران گذراندم، سپس با خانواده‌ام به افغانستان مهاجرت کردیم و دههٔ بعدی را در آنجا سپری کردم و درنهایت، به چین سفر کردم و یک دهه هم در این کشور زندگی کردم. این سفرها و تجربه‌های مختلف، سرآغاز فصل‌های جدیدی در زندگی من بودند و مرا با فرهنگ‌های متفاوت آشنا کردند.

در طول این سفرها، همواره با آزمون و خطا رو به جلو حرکت کردم. هرگز نایستادم و تسلیم نشدم، درعین‌حال اشتباهاتی هم مرتکب شدم. بعضی از این اشتباهات ناشی از عدم تحقیق کافی و عجول و احساساتی بودن شخصیت خودم بود. نقص در برنامه‌ریزی، مدیریت ضعیف مالی و تمرکز بیش‌ازحد بر خواسته‌ها به‌جای داشته‌ها نیز از دیگر مشکلات من بودند. این تمرکز بر خواسته‌ها مرا در چرخه‌ای منحوس گرفتار کرد که خروج از آن بسیار دشوار بود.

بااین‌حال، با تلاش و پشتکار مداوم به استقلال مالی رسیدم. با خواسته‌هایم دست‌وپنجه نرم کردم و وارد چرخهٔ جدیدی از زندگی شدم که همچنان با آزمون و خطا همراه بود. در این چرخهٔ جدید، اشتباهات جدیدی مرتکب شدم که اگرچه شبیه اشتباهات قبلی بودند، اما راه گذر از آن‌ها را یاد گرفته بودم و به سمت جلو حرکت می‌کردم.

از بازرگانی در چین تا کوچینگ

بیش از یک دهه از زندگی‌ام را در پیچ‌وخم‌های بازرگانی در چین گذراندم؛ جایی که هر روز با چالش‌هایی تازه روبه‌رو می‌شدم. یکی از مشکلات عجیب و غریبی که همواره توجه همهٔ ما را در شرکت به خود جلب می‌کرد، سؤال ساده‌ای بود: «امروز ناهار چه بخوریم؟» این دغدغهٔ به‌ظاهر کوچک، انرژی زیادی از ما می‌گرفت و تبدیل به یک معضل شده بود. یک روز درحالی‌که به این معضل فکر می‌کردم و نگاهم به بیرون از پنجرهٔ دفترم بود، چشمم به ورق کاغذ قرمزرنگی[1] افتاد که آن را روی حصار توری مغازهٔ روبه‌روی دفتر چسبانده بودند: «اجاره داده می‌شود». در آن لحظه فکری از ذهنم گذشت: شاید معضلِ «امروز ناهار چه بخوریم؟» تنها مختص ما نبود و بقیهٔ شرکت‌های اطراف نیز با آن دست‌وپنجه نرم می‌کردند. با همین فکر، تصمیم گرفتیم رستوران و تهیه‌غذای[2] خودمان را راه‌اندازی کنیم. این تصمیم مثل خریدن یک گاو برای نوشیدن یک لیوان شیر بود؛ زیرا هیچ تجربه‌ای در این حوزه نداشتیم.

با شروع همه‌گیری کرونا، دو سال تلاش، سرمایه و همت مشترک من، برادرم و دوستانم به ناگاه با شکست مواجه شد. در آن دورانِ تأمل و خودشناسی، ازطریق پست‌های اینستاگرام با مفهوم بیزینس‌کوچینگ[3] آشنا شدم و فهمیدم که علت اصلی شکست من این بود که روی خودم سرمایه‌گذاری نکرده بودم.

---

۱ در چین، برای اعلامیه‌های اجاره و فروش از کاغذ قرمز استفاده می‌شود. رنگ قرمز علاوه‌بر اینکه توجه مردم را جلب می‌کند، در فرهنگ چینی نماد خوشبختی، شادی و موفقیت است و تأثیر روانی مثبتی دارد.

2 Catering

3 Business Coaching

چرا باید روی خود و داشته‌هایمان سرمایه‌گذاری کنیم؟ وارن بافِت[1]، یکی از موفق‌ترین سرمایه‌گذاران جهان، می‌گوید: «بهترین سرمایه‌گذاری‌ای که می‌توانید انجام دهید، سرمایه‌گذاری روی خودتان است». این سخنِ بافِت اهمیت بالای خودشناسی، توسعهٔ مهارت‌ها و بهره‌برداری از استعدادهای شخصی را نشان می‌دهد.

بالاخره سرمایه‌گذاری روی خودم، علایقم و داشته‌هایم باعث موفقیت و پیشرفت من شد. این فرایند نه‌تنها به رشد مالی من کمک کرد، بلکه باعث شد تا بهتر بتوانم با چالش‌های زندگی روبه‌رو شوم و از اشتباهاتم درس بگیرم. با گذر زمان توانستم به درکی عمیق‌تر از خودم و اهدافم دست یابم و این مسیر را با اطمینان بیشتری ادامه دهم.

اندیشه‌ات را تغییر بده تا دنیایت را تغییر دهی

جیمز آلن[2]، نویسندهٔ کتاب **آن‌سان که انسان می‌اندیشد**[3]، معتقد است: «آنچه در ذهن ماست، ما را شکل می‌دهد». من به این باور رسیده‌ام که فکر انسان قدرت تغییر زندگی او را دارد و در تلاشم این پیام را به جوانان برسانم که شما قادر هستید با قدرت فکر خود، زنجیرهایی نامرئی را که شما را در جای خود نگه داشته است، بشکنید.

درنهایت، سفر من به دنیای کوچینگ تجربه‌ای روشنایی‌بخش و تحول‌آفرین بوده است؛ هم ازنظرِ شخصی و هم ازنظرِ حرفه‌ای. این سفر به من امکان داده تا موانعی را که زمانی غیر قابل عبور به نظر می‌رسیدند پشت سر بگذارم و به دیگران نیز کمک کنم تا

1 Warren Buffett
2 James Allen
3 As a Man Thinketh

دیدگاه‌هایی درباره کوچینگ

همین کار را انجام دهند. به‌عنوان یک کوچ، هدف من این است که به جوانان کمک کنم تا این قدرت درونی را کشف کنند و از آن برای ساختن زندگی بهتر استفاده کنند. من معتقدم که با تغییر نگرش‌ها و باورهایمان می‌توانیم دنیای خود را تغییر دهیم. این پیام، به‌ویژه برای جوانان افغانستانی که با چالش‌های فراوانی روبه‌رو هستند، می‌تواند نقطهٔ شروعی برای تحول و پیشرفت باشد.

به‌علاوه، به شما توصیه می‌کنم که کتاب **عادت مربی‌گری**[1] نوشتهٔ مایکل بانگی استینیر[2] را بخوانید. در این کتاب او به‌صورت عملی نشان می‌دهد که چطور سؤالات ساده می‌توانند قدرتی عظیم در تغییر زندگی شما داشته باشند.

یکی از مهم‌ترین ابزارهای من در مسیر کوچینگ، هفت پرسش اساسی آن بوده است. این پرسش‌ها به من کمک کرده‌اند تا با طرح سؤالات مناسب، گوش دادن عمیق و ارائهٔ حمایت‌های لازم، افراد را به مسیری هدایت کنم که در آن بتوانند راه‌حل‌های مناسب خودشان را پیدا کنند. این کار تنها به ارائهٔ مشاوره محدود نمی‌شود، بلکه مجموعه‌ای از فرایندهاست که درنهایت باعث ایجاد حس خودآگاهی و خودکارآمدی می‌شود.

باید به یاد داشت که برای تبدیل شدن به یک کوچ ماهر، به زمان و تجربه نیاز داریم. همان‌طور که در کتاب **عادت مربی‌گری** آمده است، ایجاد عادت‌های مؤثر کوچینگ و رسیدن به مرحلهٔ استادی، نیازمند تمرین و پشتکار مداوم است. زمان نقشی کلیدی

---

1 The Coaching Habit
2 Michael Bungay Stanier

در این فرایند دارد. با گذشت زمان دانش ما عمیق‌تر می‌شود و مهارت‌هایمان به نهایت کارآمدی خود می‌رسند.

به‌طور کلی، هدف کوچینگ ایجاد یک اثر موجی از تغییرات مثبت است. هر داستان موفقیت، هر پیشرفت و هر دستاورد جدید، باور مرا به پتانسیلی که در وجود همهٔ ما نهفته است، تقویت می‌کند.

من در ادامهٔ این مسیر، همچنان با اشتیاق به دیگران کمک می‌کنم تا رؤیاهایشان را محقق کنند و مسیر خود را با اطمینان و وضوح بیشتری بپیمایند.

دیدگاه‌هایی درباره کوچینگ

سفر درونی من به کوچینگ

دربارهٔ نویسنده

اسحاق احمدی، پژوهشگر و مشاور تجاری است و با بیش از ۱۰ سال تجربه در زمینهٔ بازارهای محلی و دیجیتال چین، مدیرعامل شرکت خدمات بازرگانی پامیکا است. او پس از سال‌ها واردات از کشور چین و کسب تجارب زیاد و درک عمیق از چالش‌ها، مشکلات و موانع پیش روی این کار، با هدف بسیار ساده و مشخص آسان‌سازی کار برای واردکنندگان از کشور چین، شرکت خدمات بازرگانی پامیکا را در سال ۲۰۱۲ در شهر ایوو[1]، که یکی از مراکز مهم تجاری چین است، تأسیس کرد. او اکنون در این شرکت با تشکیل تیمی متخصص و متعهد، طیف وسیعی از خدمات مدیریت

---

1 Yiwu

زنجیرۀ تأمین را بر عهده گرفته است که از میان آن‌ها می‌توان به منبع‌یابی، مدیریت تأمین‌کنندگان، توسعۀ محصول، برندینگ، بازرسی کیفیت، انبارداری و حمل‌ونقل اشاره کرد.

اسحاق به کسب‌وکارها کمک می‌کند تا از فرصت‌های موجود در بازار چین بهره‌برداری کنند و به درآمد بیشتری دست یابند. او با تجربۀ زندگی در سه کشور با سه فرهنگ مختلف (ایران، افغانستان و چین)، دیدگاه‌های عمیقی در زمینۀ دنیای کسب‌وکار دارد و آماده است تا راهنمای شما در مسیر موفقیت باشد.

راه‌های ارتباط با نویسنده:

✉ isaac.ahmadi@hotmail.com
📞 008618368635222
🌐 www.isaacahmadi.com

خود واقعی

سپیده بهبودی

خود واقعی
سپیده بهبودی
کوچ روابط
بانوی شایسته ۲۰۲۳ نیویورک

لحظهٔ ناب

ساعتی پیش از ورود مهمان‌ها، من و بقیهٔ شرکت‌کننده‌ها در اتاق دیگری با دیوارها و سقف چوبی و یک شومینهٔ بسیار زیبا شروع به عکس گرفتن کردیم. طبق روال همیشگی، خودم را به برنامه‌ای که ممکن بود تا لحظهٔ آخر بارها عوض شود سپرده بودم و با موج برنامه‌ها جلو می‌رفتم، تا زمانی که اعلام کردند به همراه یک شخص دیگر، به‌نوبت از روی فرش قرمز وارد سالن اصلی شویم. نوبت به من رسید. خرامان‌خرامان، با لباس سبز ساتنی که دفعهٔ قبل هم پوشیده بودم، دست در دست دختری نوجوان، تا روی صحنه قدم زدم و وارد سالن شدم. پس از ورود آخرین شرکت‌کننده، مهمان‌ها به سکوت دعوت شدند. بعد از اجرای چند برنامهٔ مقدماتی نوبت به اعلام نتایج رسید و یکی‌یکی شروع به خواندن اسم‌ها کردند. در کمال ناباوری، نام تمام افراد خوانده شد و من و یکی دو نفر دیگر باقی ماندیم. مطمئن بودم ما نفرات اول، دوم و سوم هستیم. اسم آن دو نفر هم اعلام شد. «یعنی من نفر اولم؟!» لحظهٔ باورنکردنی عجیبی بود. هنوز هم گاهی با یادآوری آن هیجان‌زده می‌شوم.

ایستادن برای خود واقعی‌ام

سوم فوریهٔ سال ۲۰۲۳ است و من با انرژی مثبت بسیار، درحالی‌که

دیدگاه‌هایی درباره کوچینگ

از تدارک برگزاری کارگاهی برگشته‌ام، با هیجانی وصف‌ناپذیر به ملاقات کسی که مدتی بود با یکدیگر آشنا شده بودیم می‌روم تا در مورد آموخته‌هایم، حدومرزها و شناخت بیشتر رابطه بعد از شش ماه صحبت کنیم. ابتدای حرف‌هایمان خوب پیش می‌رود، اما درنهایت به جایی می‌رسد که متوجه می‌شوم او می‌خواهد به دلایلی که برایم تا حدی قابلِ فهم بود، اما قانع‌کننده نبود، از من فاصله بگیرد.

این اتفاق آن‌قدر برایم سخت بود که بدون مکث، شروع کردم به ایستادن برای خودم؛ خودِ خودِ واقعی‌ام. از کودکی تا آن روز در روابطم با اطرافیانم، ازجمله پدر و مادرم، به خود واقعی درونم توجه چندانی نکرده بودم. گویی به درونی‌ترین لایه‌های وجودم نگاه عمیقی نداشتم و یا اگر داشتم، عاملی مانند ضمیر ناخودآگاه مانع از آن می‌شد. همیشه به‌طور ناخودآگاه تصمیمات و باورهای دیگران ازجمله پدرم را بدون توجه به توانایی‌های خود واقعی‌ام در مورد خودم اعمال می‌کردم. اکنون زمان دیدن پتانسیل‌هایم و سرمایه‌گذاری روی خودم بود؛ در دوره‌هایی مانند آموزش رقص، یوگا و دورهٔ تربیت کوچ[1] ثبت‌نام کردم و با تمرکز و شور و اشتیاق کم‌نظیری پیش رفتم، گویی وقت شکوفا شدنم در علم روابط انسانی بود.

حرکت و یادگیری در فضای کوچینگ و روان‌شناسی از سال ۲۰۰۹، هم‌زمان با مهاجرتم به کانادا و روبه‌رو شدنم با مسائلی مثل جدایی از همسر سابقم و تجربهٔ استقلال فردی و اجتماعی‌ام شروع شده بود. تصمیم به جدایی در یک شب و یک لحظه اتفاق نیفتاده

---

1 Coach Training

بود و حدود ۵ سال طول کشیده بود. در خودم عمیق شده بودم تا مسئولیت‌هایم را پیدا کنم، از تجارب قبلی بیاموزم و در کنارش فضاهای شغلی گوناگونی از فروشندگی برای برندهای معتبر[1] تا معاونت فروشگاه، مهمانداری هواپیما، مشاورهٔ مالی و امور بیمه و تدریس را تجربه کنم. با شرکت در دوره‌های دکتر آزیتا ساعیان و دوره‌های مختلف دیگری ازجمله دورهٔ رشد شخصی لندمارک[2]، شرکت در کارگاه‌ها، انجام کارآموزی، برگزاری سمینارهای مختلف و گرفتن گواهی معتبر فدراسیون کوچینگ[3] به جایی رسیده بودم که از فوریه تا آوریل ۲۰۲۳ نقاط عطف بزرگی برایم رقم خورد. شرکت در کلاس‌های رقص و دورهٔ تربیت کوچ آکادمی ستارهٔ شمال با استانداردهای فدراسیون جهانی کوچینگ[4] دو نقطهٔ عطف در زندگی‌ام بودند.

در دورهٔ آموزش رقص با خانمی آشنا شدم که مرا به مسابقهٔ بانوی شایستهٔ جهان[5] معرفی کرد. ازآنجایی‌که همیشه فرصت حضور در فضاهایی را که فقط یک بار در زندگی پیش می‌آید با کنجکاوی و اشتیاق می‌پذیرفتم، این پیشنهاد را هم با تمام وجود قبول کردم و درنهایت، طی سه نوبت مسابقه (مارس ۲۰۲۳، ژوئن ۲۰۲۳ و اکتبر ۲۰۲۳) بالاخره نفر اول مسابقهٔ بانوی شایسته شدم.

نقطهٔ عطف دوم، زمانی بود که با دیدن ویدئویی از دکتر شهاب اناری به کوچینگ جذب شدم و به اهمیت جایگاه آن در زندگی خودم پی بردم.

---

۱ برندهایی مانند: RW&Co، Hudson Bay و Ann Taylor.
2 Landmark Programs
3 Certified Coaching Federation
4 International Coach Federation (ICF)
5 World Madam

در تابستان سال ۲۰۲۳، زمانی که در حال گذراندن دورهٔ پیشرفتهٔ برنامه‌ریزی عصبی-زبانی[1] بودم، از ما خواسته شد که برنامه‌ای سالانه یا حتی بلندمدت‌تر برای زندگی‌مان بنویسیم. در این لحظه بود که برای اولین بار پس از ۴۸ سال تجربهٔ روابط، حرفه‌ها و حوادث مختلف، هدف زندگی‌ام از رؤیا و فکر به عمل رسید. من می‌خواستم با هدف کمک به مردم جهان، برای اینکه منحصربه‌فردترین نسخهٔ خودشان باشند، در سطح بین‌المللی به کوچینگ بپردازم تا دنیایی به دور از مقایسه، قضاوت، حسادت و رقابت ناسالم بسازیم. آرزو می‌کنم بالاخره یک روز متوجه شوم که چند هزارم و حتی میلیونیم درصد تأثیرگذار بوده‌ام و به هم‌نوعانم کمک کرده‌ام که در حوزهٔ شناخت خود و روابطشان از مرحلهٔ آگاهی و دانش فراتر روند و با خرد زندگی کنند.

این خواسته برای خود واقعیِ خودم هم رقم خورده بود. یقین دارم که تمام زندگی من نیز، ازجمله موفقیت در برنامهٔ بانوی شایسته، از خود واقعی‌ام نشئت گرفته بود. حتی زمانی که در پی عبور از فقدان رابطه‌ای که دوستش داشتم توانستم بایستم، برای بار چندم، خودم را و توانایی‌ام را به «سپیده» ثابت کردم.

بنابراین فقط بودنم و نوع بودنم در زمان حال و حضورم را حفظ کردم و با تمام قدرت، در کنار آموزش کوچینگ و رسیدگی به امور زندگی و حرفهٔ قبلی، که در حوزهٔ امور مالی و بیمه بود، به پیگیری مقدمات شرکت در برنامهٔ بانوی شایسته پرداختم. برنامه‌ریزی‌های من از جزئی‌ترین کارها مثل انتخاب لباس مناسب با کیفیت بالا و قیمت معقول، تا شرکت در جلسات تمرین را شامل می‌شد؛

1 Neuro-Linguistic Programming (NLP)

تمرین‌هایی که در آن‌ها بعضی از افراد زبان انگلیسی را به‌راحتی صحبت نمی‌کردند و من مجبور بودم هر بار با کمک یکی دو نفر مترجم و یکی دو نفر از شرکت‌کننده‌ها کارها را پیش ببرم.

سپیده مصمم بود که پیشرفت کند

آن‌قدر ادامه دادم تا بار سوم برای شرکت در برنامهٔ نهایی به نیویورک سفر کردم. صحنه‌های آمادگی دیگر شرکت‌کننده‌ها را فراموش نمی‌کنم؛ اینکه چطور چند نفر از شرکت‌کننده‌ها با تجهیزات و اعضای گروه هنری‌شان در محوطهٔ هتل و مقابل سالن اجرا می‌رفتند و می‌آمدند و من نظاره‌گر افرادی بودم که آن‌ها را حمایت می‌کردند. برای مثال، همکار یکی از شرکت‌کننده‌ها از نیوزیلند، یک آکروبات‌کار حرفه‌ای بود، یا شرکت‌کنندهٔ دیگری یک گروه ۵نفری رقصنده همراه خود داشت. اولین چیزی که به خودم گوشزد کردم این بود که: «سپیده جان، با قدرت و با آنچه در خود واقعی‌ات سراغ داری پیش برو، مهم حرکت است»، اما هم‌زمان ندایی در ناخودآگاه ذهنم می‌گفت: «خوب، این دو نفر که احتمالاً نفرات اول و دوم‌اند، سپیده! به نظر می‌رسد در بهترین حالت بتوانی نفر سوم یا چهارم یا این حدود باشی!»

در بخش پاسخ‌گویی به سؤالات، هیئت داوران از من در مورد کتاب در حال انتشارم با عنوان **جهت‌یابی ارتباطات**[1] پرسیدند. واژهٔ جهت‌یاب[2] برای داوران مفهوم نبود. توضیح دادم که در روابط میان انسان‌ها، چه روابط کلامی و چه روابط غیرکلامی مانند زبان بدن، حالت صورت و ...، نیازمند یک جهت‌یاب هستیم؛ مثلاً زمانی که

1 *Communication GPS*
2 Navigator

دیدگاه‌هایی درباره کوچینگ

شک داریم آیا در پس حرفی که طرف مقابلمان به زبان آورده، یا در پس هر نوع ارتباط غیرکلامی‌ای که با ما داشته، معنی دیگری نهفته بوده یا نه، یک راه این است که بدون سؤال کردن از طرف مقابل، در ذهن خودمان رفتارش را حلاجی و قضاوت کنیم و به نتیجه‌ای درست یا اشتباه برسیم و راه دیگر این است که از خود فرد سؤال کنیم و بخواهیم منظورش را واضح‌تر بیان کند. هر دوی این راه‌ها نوعی جهت‌یابی اطلاعات است و برای ارتباط مؤثرتر با اطرافیانمان باید در موارد مختلف از جهت‌یاب‌های مختلفی استفاده کنیم تا بهترین نتیجه را بگیریم. پس از تمام شدن توضیحاتم، دیدم لبخندی از رضایت روی لبان داوران نقش بسته است. همان موقع با خودم گفتم: «سپیده، آفرین. ادامه بده.» در سؤال بعدی، داوران نظر مرا در مورد خوبی‌ها و معایب «زن بودن» پرسیدند. با خندۀ ملیحی که مشخصۀ بارز من است جواب دادم که من معایبی نمی‌بینم و پرسیدم که آیا می‌توانم سؤال را تغییر بدهم و دربارۀ تفاوت زنان و مردان حرف بزنم؟ به آن‌ها گفتم که به نظر من کلمۀ معایب[1] به جوابی که درخور سؤال باشد نمی‌رسد. باز هم با موج لبخند دوبارۀ تعدادی از اعضای هیئت داوران مواجه شدم. در سؤالات بعدی نظر ما در مورد اهمیت سن خانم‌ها مورد پرسش قرار گرفت. من پیشنهاد کردم که این سؤال حذف شود، چون مطرح کردن این عبارت نزاع و حساسیت بی‌مورد ایجاد می‌کند و اصلاً چه اشکالی در پرسیدن سن خانم‌ها وجود دارد؟ همان‌جا اشاره کردم که در ابتدای برنامه، موقع معرفی خودم فراموش کرده بودم سنم را بگویم و با افتخار گفتم که ۴۸ سال دارم. سؤال بعدی از طرف یکی از داوران خانم بود

---

1   Disadvantage

که از من دربارهٔ چالش‌های خانم‌ها در نوع برخوردشان با استقلال مالی و ادارهٔ کسب‌وکارهایشان پرسید. با اینکه سؤال چالش‌برانگیزی بود، اما پاسخ سلیس و صادقانه‌ای به آن دادم که از نظر تعدادی از همراهانم، بهترین جواب بود. بر اساس بازخورد همراهانم، پاسخ من به تمام سؤال‌ها عمیق، و به‌طور میانگین بالاتر از حد متوسط بود و همین برایم امتیاز بزرگی محسوب می‌شد.

در برنامهٔ رقص، من رقص ایرانی با لباس سنتی، با موهای سادهٔ جمع‌شده و موزیک بدون کلام را انتخاب کرده بودم. پس از تجربهٔ رقص با آهنگ خانم گوگوش و رقص اسپانیایی با همراه در مرحلهٔ اول مسابقه و رقص ایرانی با لباس باله به همراه ویولون‌نوازی پسرم در مرحلهٔ دوم، این بار با کمک دوست و همراهم[1]، با بودجه‌ای بسیار منطقی و تنها با اتکا بر خودم برنامه‌ریزی کرده بودم. من در این سه مرحله، به رؤیای کودکی‌ام[2] جامهٔ عمل پوشانده بودم و با آهنگ موردعلاقه‌ام رقصیده بودم.

روز انتخاب نفر اولِ بانوی شایسته در سالن گاتهام[3] نیویورک فرارسید. صبح، ما شرکت‌کننده‌ها همگی با بلوز و شلوار سفیدِ یک‌شکل به سالن اصلی رفته بودیم تا با پرچم‌های بزرگ، برای مراسم نهایی تمرین کنیم. پس از یک پذیرایی مختصر، برای برنامهٔ اعلام نفرات برتر و اهدای جوایز آماده شدیم. طبق معمول آرایش موها و صورتم را خودم انجام داده بودم و باز هم با موهای باز و مجعد همیشگی، اما آراسته حاضر شدم. همان لباس سبز ساتن که در

---

1 Alice Liao; Vice Chairman of World Madam Canada

۲ رؤیای رقص با آهنگ خوانندهٔ موردعلاقه‌ام، «گوگوش» و رقص باله.

3 Ghotam Hall

مرحلهٔ قبل پوشیده بـودم را بـه تـن داشـتم. در کنـار آرامـش ظاهـری، در سرم هیاهویـی بـود و مرتب خـودم و سـایرین را در محـک قضـاوت می‌سنجیدم. فقط منتظر بـودم مراسـم پیش بـرود و بـه پایـان برسـد و طبـق معمـول بـه خـودم نهیـب می‌زدم: «سـپیده، تـو بهترینِ خـودت بـاش و مقایسـه و قضـاوت نکـن.»

باید ادامه داد

خطابـم بـه سـپیده بـوده و هسـت؛ سـپیده‌ای کـه همیشـه از کودکـی بـه عمـق هـر چیـزی می‌نگریسـته و همیشـه و همه‌جـا هـر پدیـده‌ای برایـش پـر از نکتـه بـوده اسـت. ارتباطـات بـرای سـپیده مهـم بـوده و همیشـه رابطـه بـا خـودش، پیش از رابطـه بـا دیگـران، برایـش جایگاهـی خـاص داشـته اسـت. در رابطـه بـا خـودش بسـیار آموختـه؛ اشـتباه‌های زیـادی هـم داشـته، حتی آموخته‌هایـش را هـم گاهـی به‌اشـتباه بـه کار بـرده، امـا درنهایـت، بـه دنبـال درک تعـادل، دریافتـه کـه حتی تعـادل هـم نسـبی اسـت. همهٔ مفاهیـم نسبی‌انـد و نسبیت هـم نسـبی اسـت. مـرز گذاشـتن، خوددوسـتی، مثبت‌اندیشـی، نیمـهٔ پـر لیـوان را دیـدن، وفـاداری، خودشناسـی، همـه و همـه مفاهیـم نسبی‌انـد، امـا در همهٔ ایـن نسبیت‌ها یـک چیـز بـرای سـپیده مشـخص و شـفاف بـوده و آن خودِ واقعی‌اش اسـت.

شـجاعت خودِ واقعـی سـپیده هـم در طـول زمـان کـم و زیـاد شـده، امـا به‌هرحال زندگی را طـوری زیسـته کـه در اکثـر مـوارد، برون‌دادش خودِ واقعـی سـپیده بـوده اسـت. بارهـا مـرز گذاشـته و آن را شکسـته و آزار دیـده، بارهـا ابـراز کـرده و توضیـح داده و توضیحاتـش کافـی نبـوده، بارهـا دلش شکسـته و دوبـاره از نـو بخشـیده... او آموختـه اسـت کـه بخشـش از

خود واقعی

خود شروع می‌شود، پس روی خودش کار کرده و کار کرده و باز هم کار کرده است. روزها و سال‌ها گذشته و گذشته، اما تا به امروز یک چیز تغییر نکرده: خود واقعیِ سپیده.

اما آیا این خود واقعی‌ام بود؟

اکنون در حالی می‌نویسم که حتی خود واقعی‌ام گاهی مرا قضاوت می‌کند! چرا در مسیر رشد این‌همه بالا و پایین می‌شویم؟ ارزشش را دارد؟ من که غبطه را به حسادت تبدیل نکرده‌ام، من که همیشه در ابراز خودم پیش‌دستی کرده‌ام، من که همیشه احترام به دیگران برایم مهم بوده، من که قضاوت نکرده‌ام و قضاوت دیگران برایم مهم نبوده و هرگاه قضاوت کرده‌ام و یا قضاوت شده‌ام مسئولیتش را کامل پذیرفته‌ام، آیا با دیدن روزهای پرچالش و به‌ظاهر منفی و پر از فشارهای نامنتظره، باید ادامه دهم؟ جوابم آری است. باید ادامه داد بی قضاوت؛ برای رسیدن به خود واقعی و آن لحظه زیباست و ارزشمند.

در آخر می‌خواهم این فصل را تقدیم کنم به کسانی که فرصت یک بار زندگی در این دنیای پر از رشد را به من هدیه دادند: پدرم که بزرگ‌ترین حامی زندگی من هستند و مادرم که همواره در رشد فکری من نقش داشته‌اند و پشتوانۀ روانی من‌اند. همچنین به فرزند یگانه‌ام، سینا، که به باور من در تمام سال‌های زندگی‌اش بهترین دوست و همراه من بوده است.

همچنین سپاس‌گزارم از آموزگاران بزرگ زندگی‌ام از دوران کودکی تا به امروز،

دکتر آزیتا ساعیان که رازهای زنانۀ مرا به من شناساندند و باعث

دیدگاه‌هایی درباره کوچینگ

شدند از ۳۶ سالگی به بعد متفاوت زندگی کنم،

دکتر شهاب اناری که بعد از ۱۲ سال تجربهٔ علمی و عملی در عرصه‌های روان‌شناسی و کوچینگ، چشمم را به روی دنیای جدیدی از مهارت کوچینگ باز کردند و مرا برای حرکت در عرصهٔ کوچینگ مصمم‌تر ساختند،

دکتر علیرضا جوانمرد که در نقش معلم و دوستی همراه، با تأکید روی «خود واقعی من»، مرا در مسیر شناخت بیشتر خودم یاری دادند و به من عنوان «سفیر دانشکدهٔ زندگی» را اعطا کردند،

دکتر علیرضا شریفی که در کلاس‌های ایشان هدف بزرگ زندگی‌ام را کشف کردم و برای اولین بار به‌طرز عجیبی متوجه شدم که میان رشتهٔ تحصیلی‌ام در مقطع کارشناسی ارشد (زبان‌شناسی) و برنامه‌ریزی عصبی-زبانی ارتباطی وجود دارد،

و البته دکتر کتایون بیداد که به شکلی معجزه‌آسا در نوشتن فصل حاضر مرا یاری دادند؛ همراه، صبور، آرام، متین و مهربان و در نهایتِ مهارت و صمیمیت!

و درنهایت از آلیس لیاو و آنی هوانگ[1] برای تمام حمایت‌ها و رفتار حرفه‌ای‌شان در تیم اجرایی ورلد مادام تشکر می‌کنم.

---

1 Alice Liao and Annie Huang from the World Madam executive team

خود واقعی

دربارهٔ نویسنده

سپیده بهبودی بانوی شایسته ۲۰۲۳ نیویورک، یک کوچ حرفه‌ای در حوزهٔ روابط است و به افراد کمک می‌کند با کشف توانایی‌های بالقوهٔ درونی‌شان و آشنا شدن با چهرهٔ خود واقعی‌شان به جوابی منحصربه‌فرد برای هدف‌گذاری درست در مسیر زندگی برسند. او افتخار دارد که با لفظ «بانوی شایسته» شناخته می‌شود و به‌عنوان «سفیر دانشکدهٔ زندگی» از طرف دکتر علیرضا جوانمرد (بنیان‌گذار دانشکدهٔ زندگی) انتخاب شده است. سپیده با تکیه بر رسالت وجودی خود در جهت هدف بزرگ زندگی‌اش که منطبق بر هدف دانشکدهٔ زندگی است گام برمی‌دارد. دکتر جوانمرد با به رسمیت شناختن خود واقعی سپیده و آشنا کردن او با دنیای بزرگ

کوچ‌ها از مدرسه‌ها و آکادمی‌های مختلف و معرفی او به این دنیای جذاب، نقطهٔ عطف بزرگی را در زندگی سپیده رقم زده است.

سپیده هر روز پرانرژی‌تر از دیروز ظاهر می‌شود و باور دارد که به‌عنوان یک کوچ بین‌المللی، در بالا بردن عمق آگاهی و پدید آوردن دنیایی شاد سهم قابلِ‌توجهی دارد.

او با داشتن تجارب غنی در حوزه‌های گوناگونی ازجمله تدریس در حوزهٔ زبان، زبان‌شناسی، امور مالی، بیمه، صنعت هواپیمایی و فروشندگی، در مقام فردی چندظرفیتی، همیشه سعی کرده در تمامی جایگاه‌ها به بهترین نحو بدرخشد. سپیده با داشتن ۹ سال تجربه در بخش خدمات مشتری، از یک فروشندهٔ ساده به سِمت مدیریت کارکنان و معاونت مدیر رسیده است. شرکت در دوره‌های توسعهٔ فردی و کارگاه‌های روان‌شناسی، شرکت در سمینارها، کمک به برگزاری کارگاه‌ها و برگزاری دوره‌های متنوع، اجرای سمینارهای حوزهٔ روان‌شناسی و ارتباطات، همه و همه به او کمک کرده‌اند تا در کنار شرکت در دوره‌های کوچینگ در سال‌های ۲۰۱۸ و ۲۰۲۳ به‌صورت حرفه‌ای به فعالیت در این حیطه بپردازد.

سپیده معتقد است رمز موفقیت‌هایش در روش زندگی‌اش نهفته است. خطرپذیری چندباره در شغل و تحصیل و بیرون آمدن از حاشیهٔ امنش، افتخاراتی را برای او به ارمغان آورده که از میان آن‌ها می‌توان به کسب رتبهٔ اول در دوره‌های کارشناسی و کارشناسی ارشد و همچنین کسب مقام اول بانوی شایسته در اکتبر ۲۰۲۳ در نیویورک اشاره کرد.

خود واقعی

راه‌های ارتباط با نویسنده:

📨 (+98)912-396-3427
📞 (+1)647-887-2233
🌐 prosperousconcatenation.com
📷 @sepi_lifecoach
✉ Sepidehbehboodi74@gmail.com

جوجه اردک زشت

نسیم حیدری

جوجه اردک زشت

نسیم حیدری
کوچ سازمانی (فعال در حوزهٔ منابع انسانی)

دفتر خاطراتم را ورق می‌زنم؛ پررنگ‌ترین خاطره‌ای که همیشه با من هست، دختربچهٔ ۸ ساله‌ای است که همدم زنگ‌های تفریح مدرسه‌اش جدول‌های کنار باغچهٔ خالی از گل و گیاه و کارتون مورد علاقه‌اش جوجه اردک زشت بود. یادم نیست، اما قطعاً همان روزها که در تنهایی خودش آرام و بی‌صدا، بالای جدول‌های کنار باغچه راه می‌رفت، برای جدول‌ها در ذهنش قصهٔ جوجه اردک زشت را تعریف می‌کرد که روزی تبدیل به قویی زیبا شد و همهٔ کسانی که مسخره‌اش می‌کردند با تعجب و حسرت محو زیبایی‌اش شدند. بله، در ذهن کودکی همهٔ ما، جوجه اردکی زشت وجود دارد که اگر پیدایش کنیم و پرورشش دهیم، به قوی سفیدی تبدیل خواهد شد، اما اکثر افراد آن جوجهٔ کوچک تنها و طردشده را پیدا نمی‌کنند و آن جوجه جایی، در صفحات کودکی جا می‌ماند و با ما به آینده نمی‌آید.

سقوط

هشت سال سابقهٔ حسابداری را، به‌خاطرتصویر خشک و خشنی که مدیر مالی سابقم از آیندهٔ شغلی حسابداری برای من ساخت، زیر پا گذاشتم و به‌عنوان کارمند ساده وارد شرکت جدید شدم. خوب یادم هست که اولین هفتهٔ شروع کارم بود که مدیر کنارم نشست. همیشه قلبم پر احترام به او هست و خواهد بود. گفت: «می‌خواهی

بمانی؟» با دو چشم گرد درشت و با علامت تعجب بزرگ نگاهش کردم. ادامه داد: «حیف سابقهٔ کاری تو نیست که این‌طوری خرابش کنی؟ می‌خواهی از همهٔ کارهایت چشم‌پوشی کنی و برگردی نقطهٔ صفر؟ این کار را نکن، اینجا نمان، برو.» هنوز داشتم با تعجب نگاهش می‌کردم، یک لحظه به خودم آمدم؛ پاسخ من این بود: «از صفر شروع می‌کنم».

هفت سال از آن مکالمه گذشت. جوجه اردک زشت من بزرگ شد و حالا دقیقاً در مسیر قله بود. با سمت رئیس منابع انسانی همه چیز را از صفر ساختم. کار برای من حکم بچه‌ای را داشت که به دنیا آورده بودم و اکنون به مقطع تحصیلی راهنمایی رسیده بود. حس مادرانهٔ زیبایی داشت. در آن لحظه، حال مادری را داشتم که سال‌ها برای رشد کودک خود زحمت کشیده بود و اکنون می‌شنید که باید جایگاه خود را یک‌شبه به نامادری تحویل دهد. درد عمیق، حس قدرناشناسی و عدم وفاداری، آن هم بدون هیچ توضیحی، سراسر وجودم را در بر گرفت. در یک لحظه از من خواسته شد تا تمام تلاش‌هایم را رها کرده و به کس دیگری واگذار کنم. درخواست من برای شنیدن «چرا» بی‌فایده بود؛ تمام خدمات من نادیده گرفته شده بود. طی چند روز دوباره به همان نقطهٔ صفر برگشتم.

آغاز فصل سخت

همه چیز انگار در آن عصر لعنتی خراب شد. صدای پشت تلفن به من گفت: «آن‌ها تصمیم گرفتند که شما دیگر این مسئولیت را نداشته باشید.» گفتم: «چرا؟ نباید دلیل این کار را بدانم؟» گفت: «من هم نمی‌دانم، نپرسیدم، ولی تصمیم آن‌هاست و باید اجرا شود!»

جوجه اردک زشت

سکوت کردم و بغضی برای همیشه در گلویم نشست؛ با هزار چرایی که هیچ‌وقت هیچ‌کس بابت آن به من پاسخی نداد. روزهای سخت شروع شد. آن روز تمام وسایلم را برای رفتن و ترک شرکت جمع کردم، اما دوستان دلنگرانم مجابم کردند که رفتن به معنای پذیرفتن شایعات است؛ پس ماندم. شش ماه تلخ را صبوری کردم. حرف‌ها و رفتارها دردناک بود؛ از همه دردناک‌تر اینکه متوجه شدم تمام اتفاقات از حسادت‌های زنانه نشئت گرفته است. آن هم از جانب کسی که خودم در مورد استخدام او وساطت کرده و اعتبار گذاشته بودم! اما چرا؟

اینکه می‌گویند انسان‌های حسود خطرناک‌ترین آدم‌های روی کرهٔ زمین هستند، به نظر من اغراق‌آمیز نیست. قسمت غم‌انگیزتر، همراهی دوست‌نماهایی بود که در حق آن‌ها خیلی لطف کرده بودم. ماجرا به همین‌جا ختم نشد، محیط سمی‌ای ایجاد شده بود تا شرایط بیشتر عذاب‌دهنده شود. خنده‌های مصنوعی، دروغ‌هایی از کلونی‌های سمی و من که در این شش ماه جهنمی تصمیم گرفتم نه بشنوم و نه ببینم، درست شبیه مجسمه‌ای شده بودم که فقط به هدفش خیره شده بود. انگار صدایی در اعماق وجودم می‌گفت که تو آدم جا زدن نیستی؛ نمی‌توانی یک جا بمانی و بگندی. تو چشمه‌ای وجاری بودن بخشی از ذات توست، پس برو.

فقط یک کلمه جلوی چشمم بود: «ceeport»، یعنی همه چیز را رها کن و ذهنت را برای پذیرش امواج مثبت کائنات آماده کن. همه چیز را رها کردم به‌جز هدفی که قبل از تمام این اتفاقات برای آن برنامه‌ریزی کرده بودم.

دیدگاه‌هایی درباره کوچینگ

رقص اولین شعلۀ پیروزی

صبر هنر انسان‌های موفق است. آن روز صبح وقتی از خواب بیدار شدم، می‌دانستم که این روز پلی بین گذشتۀ تلخ و آیندۀ روشن است. شکست بی‌معنا بود؛ باید از این پل می‌گذشتم. برای اولین بار در تمام عمرم درها را به روی استرس بستم تا بتوانم فارغ از هر چیزی از پس امتحان مدرک بین‌المللی حرفه‌ای در منابع انسانی[1] بربیایم و با گرفتن مدرک حرفه‌ای در حوزۀ منابع انسانی دوباره توانمندی‌ام را به‌عنوان مدیر به رخ بکشم. شش ماه در سخت‌ترین روزها تلاش کردم. از بچگی عاشق تاب‌بازی بودم. فارغ و بی‌خیال، پنج دقیقه قبل از شروع امتحان در پارک کوچکی روبه‌روی مرکز آزمون، مثل دختر بازیگوش هشت‌ساله‌ای، روی تاب نشستم. پنج دقیقه فارغ از گذشته و آینده، در همان لحظۀ ناب تاب خوردن، زندگی کردم.

همه چیز تمام شد و چشم به صفحۀ مانیتور دوختم. ایمان داشتم که این جمله روی مانیتور خواهد آمد: «شما در امتحان قبول شدید». درست طبق انتظارم بود. من در امتحان موفق شده بودم. اما این پیروزی فقط به‌خاطر توانمندی‌های علمی من نبود، بلکه این پیروزی حاصل تاب‌آوری، صبر و آگاهی از مسیر هدفمند بود. وقتی در مسیر روشن آینده ایستادم، رقص اولین شعله‌های پیروزی مسیر را روشن کرد. سایه‌ها و ترس‌های گذشته را برای آغازی جدید پشت سر گذاشتم و از خدا تشکر کردم.

---

1 PHRI: Professional Human Resource International certification

عطر دعای باران‌خورده

در مسیر بالا رفتن به سمت قله، به دنبال یافتن آدم‌های موفق و الگوبرداری از آن‌ها بودم. همیشه به این جمله اعتقاد داشتم که هر انسانی که وارد زندگی ما می‌شود، رسالتی از جانب خداوند دارد. در جست‌وجوهایم به دنبال افراد موفق، با استادم آشنا شدم. لحن صحبت‌های ایشان، در همان ابتدا جذبم کرد و باعث شد بخواهم بدانم که کوچینگ[1] چه معنایی دارد. شروع به مطالعه در مورد آن کردم و دیدم می‌تواند در مسیر موفقیت یک مدیر منابع انسانی مفید باشد. بعد از جریان سقوط و از دست دادن سمتم، کاملاً در زمینهٔ مدیریت دل‌سرد شده بودم تا اینکه در شبی بارانی، لایو استاد در اینستاگرام نظر من را به خود جلب کرد. لایو را باز کردم. در آن لحظه، در حرم امام رضا بود. در حال‌وهوای روحانی با عطر باران و بوی خوش روحانی لایو، استاد مراد و من مرید مسیر کوچینگ شدم. به استاد پیام دادم و گفتم: «خیلی دلم می‌خواهد افتخار شاگردی شما را داشته باشم، اما ذهنم درگیر امتحان بین‌المللی مدیریت منابع انسانی است.» جواب داد: «هر وقت امتحانت تمام شد، مشتاقانه منتظر دیدنت در مسیر رشد هستم.»

شش ماه بعد از گرفتن مدرکم، به استاد پیام دادم که: «امتحانم را با موفقیت گذراندم.» و او گفت: «پس بسم‌الله» و مسیر رشد آغاز شد. من با عطر باران‌خوردهٔ دعا، با پر زدن بین خاکسترهای سقوط، شروع کردم.

هرچه بیشتر در دنیای کوچینگ غوطه‌ور شدم، دیدم نسبت به

---

1 Coaching

مسائل واضح‌تر شد. فهمیدم که موفقیت فقط دستاورد بیرونی نیست، بلکه با تأثیر عمیق بر دیگران و ارتباط معناداری سنجیده می‌شود که در این مسیر می‌سازیم.

در میانهٔ سفر هیجان‌انگیز کوچینگ، با هم‌سفرانی در مسیر رشد شخصی و حرفه‌ای آشنا شدم که از نظر فکری همسو بودیم و با هم از پیچ‌وخم‌های زندگی گذشتیم. در مسیر کوچینگ با قدردانی از قلب و احساس عمیقم، به رقص ادامه دادیم. می‌دانم که این سفر صرفاً موفقیتی شخصی نیست، بلکه تأثیر ماندگاری بر زندگی دیگران نیز خواهد داشت و میراثی از الهام و رشد خواهد شد. عطر باران‌زدهٔ دعا هنوز در هواست و یادآور هدایت الهی و ایمان تزلزل‌ناپذیر من در مسیر خارق‌العادهٔ خودیابی و دگرگونی است.

غریب آشنا

در عمق تنهایی، زمانی که انگار در چاهی عمیق افتاده بودم، بی‌امید یا اراده‌ای برای رهایی، غریبه‌ای آشنا وارد زندگی‌ام شد و نوری از امید با خود به همراه آورد و به من یادآوری کرد که در این سفر تنها نیستم. کوچ مهربانم برای همراهی جدید، هم‌سفرم شد. من او را «رفیق» صدا می‌زدم؛ اصطلاحی که در فارسی برای شخصی بالاتر از دوست استفاده می‌شود. او در لحظه‌های تنهایی، معتمد و تکیه‌گاه من شد. گفت‌وگو با او آرامشی داشت که مدت‌ها بود فراموش کرده بودم.

رفیق، من را جوجه اردک زشت صدا می‌زد؛ اسمی که دوستش داشتم. این رابطه حکم طناب نجات برای روحی افتاده در اعماق چاه را داشت. وقتی دست دراز کردم و طناب را گرفتم، نیرویی الهی را

حس کردم که من را از اعماق ناامیدی به قلمرو نور برد. با یکدیگر سفری برای کشف را آغاز کردیم و اعتقاد تزلزل‌ناپذیر او به عزم من، برای غلبه بر سایه‌ها پایان‌ناپذیر بود. از طریق صحبت با او، قدرت واقعی ارتباط و تأثیر عمیق بر زندگی دیگران را آموختم.

پرواز ققنوس

روبه‌روی من نشسته بود و اشک روی گونه‌هایش می‌غلتید. دختر آرام و ساکتی بود که مدت زیادی با هم همکار بودیم و کاملاً می‌شناختمش. دستش را گرفتم و منتظر ماندم تا شروع به صحبت کند. آه عمیقی کشید و گفت: «از وقتی که فهمید با همسرم مشکل دارم، پیشنهاد دوستی داد. وقتی هم که مقاومت کردم، در محل کارم دردسر درست کرد. این عادلانه نیست. چون او مدیر است، نباید از موقعیت خود سوءاستفاده کند.»

زنان بسیاری هستند که در برابر آزار و اذیت‌های مردان در محیط کار سکوت می‌کنند؛ شاید به‌خاطر ترس، شرم، قضاوت و حتی اخراج از موقعیت کاری‌ای که سال‌ها برای آن تلاش کرده‌اند. هیچ‌کس دلیل خستگی، اضطراب، سردرد و افسردگی روانی این زنان را نمی‌فهمد؛ زیرا زنان باید همیشه متواضع باشند. این روح‌های خسته نیاز به شفا دارند. سال‌هاست که به حرف‌های او فکر می‌کنم. در میان سفر به کوچینگ، حس عمیقی از خودیابی را به‌عنوان اولین دیدگاه خود تجربه کردم. با گذشت زمان، شاهد تولد دوبارۀ خودم بودم؛ بسیار شبیه به ققنوس افسانه‌ای که از خاکستر ناملایمات برخاسته است. این آغاز فصل جدیدی در زندگی من بود که به گسترش همدلی و همراهی با زنان در جهان سوم اختصاص یافت. با عزم

دیدگاه‌هایی درباره کوچینگ

تزلزل‌ناپذیر، تلاش می‌کنم با ترکیب بازی‌ها و کوچینگ، الگوی جدیدی خلق کنم تا در ابتدا با زنانی همراه شوم که با چالش رشد در محیط‌های مردسالار، مشابه محیط‌های من، روبه‌رو هستند و سپس با خلق محیطی پویا و پرانرژی به تمام سازمان‌هایی کمک کنم که دغدغهٔ رشد سرمایه‌های انسانی را دارند.

درنهایت دوست دارم الهام‌بخش‌ترین سخنرانی‌ای را به اشتراک بگذارم که چراغ راه من بوده و هست. تئودور روزولت[1] در سخنرانی خود در سوربن پاریس با عنوان «شهروند جمهوری یا مرد میدان» می‌گوید:

«مهم نیست چه کسی انتقاد می‌کند، مهم نیست چه کسی علل شکست بزرگان را مطرح می‌سازد یا به این موضوع اشاره می‌کند که مردم کجا می‌توانستند کارهایشان را بهتر انجام دهند. مهم کسی است که همیشه در میانهٔ میدان است، کسی که چهره‌اش را غبار و عرق و خون پوشانده است. کسی که شجاعانه تلاش می‌کند، اشتباه می‌کند و بارها و بارها با نواقص کار خود مواجه می‌شود؛ چون هیچ تلاشی بی‌اشتباه و کاستی نیست، ولی کسی که اشتیاق را می‌شناسد، کسی که ایثار می‌کند و خود را وقف هدفی والا می‌سازد، همان کسی است که در بهترین حالت طعم پیروزی را بیشتر از دیگران می‌چشد و در بدترین حالت، حداقل پردل‌وجرئت شکست می‌خورد.»[2]

این مفهوم آسیب‌پذیری یا همان درگیر شدن با تمام وجود است. زندگی مانند میدان نبرد گلادیاتورهاست. شاید هیچ‌وقت به این فکر نکنیم که برخی چیزها سپرهای سنگینی هستند. در ابتدای

---

1 Theodore Roosevelt

2 از کتاب رهبری شجاعانه، نوشتهٔ برنه بروان

مبارزه خیال می‌کنیم تا در پس این سپرها هستیم، در امان خواهیم ماند. اما گلادیاتور زمانی که سپر خود را از دست می‌دهد، تازه متوجه می‌شود که می‌تواند. در میدان سبک و چالاک می‌رقصد و در ورای آن ایمان و باور به نیروی خود شکل می‌گیرد که بسیار پرقدرت‌تر از سپر سنگینی است که باعث شده در گوشهٔ میدان تنها به فکر دفاع و فرار باشد. مبارزهٔ بدون سپر درنهایت پذیرش ترس‌ها، خجالت‌ها و آسیب‌پذیری‌ها و غلتیدن در خاک و خون و رقص زیبایی است که حتی سرانجام شکست نیز برای آن زیباست.

زمانی از سفر خسته نخواهی بود که از مسیر لذت برده باشی. زمان مهم نیست، مقصد نیز حتی مهم نیست. شاید بارها تصمیم به تغییر مقصد گرفته باشی ولی همیشه تلاش می‌کنی مسیری را انتخاب کنی که روحت را نوازش دهد. این دقیقاً همان معنای وجود ماست؛ آنچه به‌خاطرش آمدیم، زیستیم، خندیدیم، گریستیم، زمین خوردیم، بلند شدیم و کامیابی را لمس کردیم. هر انسانی به دنبال یافتن پاسخی برای این چند بیت حضرت مولاناست:

از کجا آمده‌ام، آمدنم بهر چه بود

به کجا می‌روم آخر ننمایی وطنم

مانده‌ام سخت عجب، کز چه سبب ساخت مرا

یا چه بوده‌ست مراد وی از این ساختم

مرغ باغ ملکوتم، نیَم از عالم خاک

چند روزی قفسی ساخته‌اند از بدنم

ای خوش آن روز که پرواز کنم تا بر دوست

به هوای سر کویش پر و بالی بزنم

جوجه اردک زشت

دربارهٔ نویسنده

نسیم حیدری در سال ۱۳۸۲ با تجربهٔ تلخ زلزلهٔ بم، آخرین برگ دفتر تحصیلات عالی در رشتهٔ ریاضی محض دانشگاه باهنر کرمان را ورق زد. او حسی دوگانه در سر داشت؛ رؤیای مریم میرزاخانی شدن که با آن وارد این رشته شده بود و از طرفی خاطرهٔ تلخ زلزله و درد و رنج مردم که هیچ‌وقت پاک‌شدنی نبود. با همهٔ این‌ها، دو سال در انجمن ریاضی‌دانان جوان سعی در تحقق رؤیای اول داشت، اما درنهایت حس دوم غالب شد. وقتی وارد حوزهٔ سرمایهٔ انسانی و تعامل با انسان‌ها شد، دریافت که می‌خواهد محرم و مرهم باشد و با گرفتن مدرک بین‌المللی حرفه‌ای در منابع انسانی از آمریکا، سعی کرد تا جایِ پای محکم‌تری در این میدان داشته باشد.

نسیم بعد از کار در دنیای علوم انسانی و شنیدن دردها و رنج‌های افراد به‌ویژه بانوان، دغدغه‌ای جدید یافت: کمک به روح آسیب‌دیدهٔ زنان در محیط‌های مردانه؛ دردهایی که در اکثر مواقع فرو خورده می‌شوند. او با فراگیری مهارت کوچینگ و تلفیق آن با دانش منابع انسانی، همچنان در کنار انسان‌هایی به مسیر خود ادامه داد که برای تبدیل شدن به انسان‌های شادتر احتیاج به کمک داشتند و پژوهش‌هایی را در زمینهٔ آسیب‌های زنان در محیط‌های کاری ایران شروع کرد؛ با این امید که آن‌ها را در قالب کتابی با عنوان «بغض بانو کوچ» منتشر کند.

نسیم برای اینکه بتواند دانش و آموخته‌های خود را به افراد بیشتری آموزش دهد، تلاش کرد تا با ترکیب کوچینگ و بازی‌آفرینی[1] و طراحی کارگاه‌های جذاب در سازمان‌ها و دانشگاه‌ها به کم کردن شکاف بین نسل‌ها کمک کند. هدف نسیم این است که به انسان‌ها کمک کند تا در جامعهٔ ایرانی قدری شادتر زندگی کنند؛ در جامعه‌ای که شادی در آن، به‌خاطر بسیاری از عوامل، هر روز در حال کمرنگ‌تر شدن است. به این ترتیب **حس** متولد شد: کانونی برای گرد هم آمدن فعالان توسعهٔ سرمایهٔ انسانی و افراد دغدغه‌مند کوچینگ برای خلق ارتباطی از جنس حس ناب.

راه‌های ارتباط با نویسنده:

Coach Land
NasimNaser888@gmail.com
Nasim (Mary) Heidari-PHRI
The Supreme Feeling Club

1 Gamification

از ظرفیت‌شناسی تا برندسازی: اعتماد، قدرتی نرم برای رشد سازمانی

محسن خاکی

از ظرفیت‌شناسی تا برندسازی: اعتماد، قدرتی نرم برای رشد سازمانی

محسن خاکی
کوچ کسب‌وکار و متخصص برندینگ

از شکست تا بینش

من در مقام مدرس آزمون‌های بین‌المللی با بیش از دو دهه تجربهٔ تدریس حرفه‌ای در داخل و خارج از ایران و نیز در مقام کوچِ حرفه‌ای بین‌المللی و متخصص برندسازی مورد تأیید فدراسیون جهانی کوچینگ[1]، دو دغدغهٔ بسیار مهم مراکز آموزشی در مسیر موفقیت در بازار رقابتی و توسعهٔ سازمانی را، ارائهٔ آموزش باکیفیت و ایجاد فرصت‌های شغلی می‌دانم و اهمیت آن را به‌خوبی لمس کرده‌ام. برمی‌گردم به سال‌ها پیش؛ هنگامی که یک معلم جوان زبان انگلیسی بودم که صرفاً تجربهٔ ده سال تدریس با خوش‌نامی را برای راه‌اندازی یک کسب‌وکار مستقل در حوزهٔ آموزش و مشاورهٔ زبان انگلیسی، به‌ویژه در حوزهٔ آیلتس، کافی می‌دانستم و بر همین اساس یک مؤسسهٔ آموزشی تأسیس کردم. با وجود به‌کارگیری همهٔ دانش و تجربیات قبلی و صرف هزینه، وقت و انرژی بسیار، جذبِ مخاطب زیادی نداشتم و در مقایسه با رقبای بزرگ در آن زمان، جدی گرفته نمی‌شدم. کسب‌وکار من در آن مقطع شکست خورد و برنامه‌هایم عملی نشد و خیلی از منابع مالی‌ام را از دست دادم. هرچند تصمیم بسیار سختی بود، اما سعی کردم به احساسات

---

1 International Coaching Federation (ICF)

منفی خودم مسلط شوم و این شکست را به فرصتی برای بازنگری در گذشته و درک علل و ریشه‌های موفق نشدنم تبدیل کنم. عواملی چون نادیده گرفتن اهمیتِ مهارت‌های مدیریتی و رهبری دلیل شکست من بودند، اما مشکل اساسی عمیق‌تر بود.

حلقهٔ مفقوده‌ای به نام اعتماد

آن شکست من را به این جمع‌بندی رساند که موفقیتِ سازمان‌های آموزشی به اعتماد «درونی» و «برونی» وابسته است: اعتماد درونی بین اعضا و اعتماد برونی برای جذب شراکت[1] و مشتری. این اعتماد، کلید ارتقاء خدمات و توسعهٔ کسب‌وکار است.[2] پس از شکستِ اولیه، با هفت سال تلاش برای شناخت بیشتر خودم، مهارت‌آموزی و کسب تخصص در حوزه‌های روان‌شناسی، مدیریت، برندسازی و کوچینگ، توانستم برندی مشهور در زمینهٔ آیلتس خلق کنم و کسب‌وکارم بر اساس اعتماد رشد کرد. این تجربه و مطالعه نشان داد که اعتمادسازی، اگرچه دشوار، اما با یک الگوریتم پنج‌مرحله‌ای ممکن است:

مرحلهٔ اول

تحول رهبری از طریق هوش هیجانی: پیاده‌سازی درس‌هایی از گذشته

تأمل دربارهٔ چگونگی شکل‌گیریِ یک تجربهٔ ناموفق در کسب‌وکارم در گذشته باعث شد پی ببرم که هیچ‌وقت تعامل عمیقی بین من و اعضای سازمانم و همچنین بین سازمانم با سایر سازمان‌ها

---

1 partnership

۲ اعتماد سرعت را افزایش می‌دهد و هزینه‌ها را کاهش. / استیون ام. آر. کاوی در کتاب: "The Speed of Trust: The One Thing That Changes Everything"

برقـرار نشـده اسـت. ایـن مسـئله در بسـیاری از مواقـع بـه دلیـل خطـای مـن در درک احساسـات دیگـران و نیـز در مدیریـتِ احساسـات خـودم¹ بـود کـه منجـر بـه تصمیم‌گیری‌هـای نه‌چنـدان صحیـح در شـرایط دشـوار می‌شـد. بنابرایـن وقتـی مجـدداً کسب‌وکار خـودم را راه‌انـدازی کـردم، برخـلاف تجربـۀ قبلی‌ام، بـا استفـاده از آموخته‌هایـم در کوچینـگ، روی هـوش هیجانـی متمرکـز شـدم. بـه صحبت‌هـای کارکنـان در مـورد احساسـات و انگیزه‌هایشـان فعالانـه گـوش می‌دادم و نسـبت بـه احساسـات نهفتـۀ پشـت حرف‌هـای آن‌هـا کنجکاو بـودم. بـه رفتارهـای غیرکلامـی² کارکنـان شـامل تُـن صـدا، لحـن، حـرکات بـدن، و نیـز بـه استفـاده از کلمـات خـاص، احسـاس آن‌هـا در لحظـه، حـس ششـم خـودم، باورهـای آن‌هـا دربـارۀ خـود و دنیـای اطرافشـان، طـرز فکرشـان، نـوع نـگاه آن‌هـا بـه خودشـان، نقـاط ضعـف و قوتشـان، ارزش‌هایشـان، توانمندی‌هایشـان، فرهنگشـان و عملکردشـان توجـه می‌کـردم. حـس خـودم را بـرای آن‌هـا بیـان می‌کـردم و از ایـن کار نمی‌ترسـیدم، چـون نتیجه‌گـرا نبـودم و می‌دانسـتم ممکـن اسـت حـس مـن اشـتباه بـوده باشـد. حضـور تمـام و کمـال مـن در کنـار آن‌هـا و توجـه بـه تمـام صحبت‌هـا و احساسـات افـراد و همراهـی بـا آن‌هـا در فضایـی امـن و بـدون قضاوت باعـث ایجاد

---

۱ هرچـه در شناسـایی و کنتـرل احساسـات خود بهتر باشـیم، به همان انـدازه در درک احساسـات دیگـران و کنتـرل روابـط بـا آن‌هـا موفق‌تـر خواهیـم بـود. / دنیـل گلمـن در کتـاب: "Emotional Intelligence: Why It Can Matter More Than IQ"

۲ در هـر ارتبـاط چهره‌به‌چهـره افـراد دریافت‌هایشـان از احساسـات دیگـران را بیشـتر بـر اسـاس نشـانه‌های غیرکلامـی بـه دسـت می‌آورنـد تـا کلماتـی کـه شـنیده می‌شـود. / آلبـرت محرابیـان در کتـاب: "Silent Messages: Implicit Communication of Emotions and Attitudes"

اعتماد بین ما و درک بهترمان از یکدیگر می‌شد.[1]

مرحلهٔ دوم

توسعهٔ مهارت‌های هوش هیجانی در تیم: گام‌های عملی برای دستیابی به موفقیت

حالا وقت آن شده بود که کارکنان سازمان را با هوش هیجانی آشنا کنم. در جلساتِ کوچینگ، فهمیدیم احساساتِ منفی مثل عصبانیت یا اضطراب نتیجهٔ تفکرات ما نسبت به رویدادها هستند. تفکراتی مانند قضاوت‌های منفی، باورهای محدودکننده و نگرانی‌ها. کارکنان ما آموختند که اگرچه نمی‌توانند جلوی وقوع رویدادها را بگیرند، اما با تغییر دیدگاه می‌توانند احساسات خود را تغییر دهند.[2] مهم‌ترین ابزار برای این تغییر، تمرین و تکرار در شرایط واقعی بود. در طول کوچینگ، اعضای تیم آموختند که در مواجهه با مشکلات، ابتدا باور یا فکرِ فرد مقابل را جویا شوند و با ارائهٔ دلیل و بدون قضاوت، فضایی از امنیت و اعتماد میان خود و او ایجاد کنند. این رویکرد به آن‌ها کمک کرد تا به باورهای جدیدی برسند و به احساسات متفاوتی دست یابند. مثلاً دو کارشناس که دربارهٔ تکنیکی برای مهارتِ خواندن در آیلتس اختلاف نظر داشتند، با گوش دادنِ

---

۱ ما بیش از آنکه به افرادی نیاز داشته باشیم که همیشه می‌دانند کارِ درست چیست، به افرادی نیاز داریم که در کنارمان قرار بگیرند و به ما یادآوری کنند که ما ارزش دیده شدن، دوست داشته شدن و تعلق داشتن را داریم، حتی زمانی که خود قادر به دیدن آن در خودمان نیستیم. / برنه براون در کتاب:

“Daring Greatly: How the Courage to Be Vulnerable Transforms the Way We Live, Love, Parent, and Lead”

۲ وقتی نگرش خود را نسبت به چیزی در زندگی‌تان تغییر می‌دهید، چگونگی احساس و عملکرد شما در قبال آن نیز تغییر می‌کند. / وین دایر در کتاب:

“Change Your Thoughts - Change Your Life: Living the Wisdom of the Tao”

فعالانه، بررسی دلایلِ موافق و مخالفِ باورهای خود[1] و ایجاد اعتماد، به راه‌حلی دست یافتند که مورد توافق هر دو طرف بود. به این ترتیب، یک تکنیک کاربردی جدید به وجود آمد که دو دستاورد مهم با خود همراه داشت: اول افزایش تعامل دو همکار و دوم کمک به ارتقاء کیفیت آموزشی از طریق ارائهٔ راه‌حل مؤثرتر به متقاضیِ آزمون آیلتس.

یک مثال دیگر در مورد زبان‌آموزانی که قصد ثبت‌نام در دوره‌های تخصصی آمادگی آیلتس در سازمان ما را دارند این است که در بسیاری موارد، اعضای تیم ما با یک باورِ محدودکننده در زبان‌آموز روبه‌رو می‌شوند: اینکه آیلتس یک آزمون بسیار دشوار است و هیچ امکانی برای کسب نمرهٔ بالا در آن وجود ندارد. این باور می‌تواند حس ناراحتی، اضطراب و حتی عدم اعتمادبه‌نفس را در زبان‌آموز به وجود آورد. در چنین شرایطی مهم است که کارشناسان و مدرسانِ تیم بتوانند با ایجاد حس امنیت و اعتماد، آگاهی متقاضی آیلتس را نسبت به «ابرنیرو»ی[2] خود برانگیزند[3] و از او بخواهند به زمانی در گذشته فکر کند که خیلی موفق عمل کرده است. به او یادآوری کنند چه توانمندی‌هایی را در آن زمان به کار برده و چه نقشی در

۱ یکی از هدایای بزرگ علم، شک است: توانایی برای سؤال پرسیدن و شک کردن به باورهایمان، بررسی شواهد به نفع و علیه تمامی ادعاهای قدیمی و جدید. این‌گونه است که ما به درکی عمیق‌تر از جهان دست می‌یابیم. / کارل سیگِن در کتاب:
“The Demon-Haunted World: Science as a Candle in the Dark”

2 Superpower

۳ معجزه‌ای رخ می‌دهد وقتی به قدرت درونی‌مان آگاه می‌شویم و تصمیم می‌گیریم از آن استفاده کنیم تا زندگی‌مان را بهبود ببخشیم. / مارین ویلیامسن در کتاب:
“A Return to Love: Reflections on the Principles of a Course in Miracles”

دیدگاه‌هایی درباره کوچینگ

آن موفقیت داشته است، تا بتواند امروز هم همان توانمندی‌ها را برای رسیدن به هدف استفاده کند. مهم است که با در نظر گرفتن بدترین، بهترین و محتمل‌ترین سناریو، به مراجع کمک شود دیدگاه متعادل‌تری دربارهٔ اتفاقی که ممکن است بیفتد داشته باشد.[1] این کار کمک می‌کند به اینکه متقاضی باور جدیدی را جایگزین باور منفیِ پیشین کرده و به هدف‌های واقعی و قابل دستیابی برای کوتاه‌مدت و درازمدت پایبند شود. همراهی با افراد در مسیر رسیدن به این اهداف، پیش از ملزوماتی نظیر انتقال اطلاعات و دانش و استفاده از منابع و روش‌های معتبر، به تعامل مؤثر بر پایهٔ گوش دادنِ فعالانه در فضایی امن و آمیخته با اعتماد، وابسته است. این‌گونه بود که می‌دیدم رفتارها و واکنش‌های افراد مختلف به آن حس‌های منفیِ آغازین، تصحیح می‌شود و به این ترتیب، در سازمان ما، برانگیختن آگاهی از طریق هوش هیجانی و در نتیجه ایجاد اعتماد نقش بسیار مهمی در ایجاد و توسعهٔ روابط مثبت بین اعضای سازمان و نیز با مشتریان ایفا کرد.[2]

---

۱ دنیل کانمن در کتاب Thinking, Fast and Slow بر اهمیت شناسایی و کاهش تعصبات شناختی در تصمیم‌گیری، تأکید می‌کند و معتقد است که یکی از راه‌های دستیابی به این هدف، ارزیابی فعالانهٔ بهترین، بدترین و محتمل‌ترین پیامدهای تصمیماتمان است.

۲ اعتماد همان چیزی است که ارتباطات را تبدیل به قدرت می‌کند. اعتماد، سریع‌ترین راه برای تبدیل چالش به موفقیت است. / استیون کاوی در کتاب: "The 7 Habits of Highly Effective People "

مرحلهٔ سوم

سازگاری و انعطاف‌پذیری

من و سایر اعضای سازمان دریافتیم که اصلی‌ترین چالش‌های داوطلبان آیلتس و مهاجرت، نبودِ آمادگی برای تغییر دیدگاه‌ها، ترسیم اهداف نامعقول، کمبود حمایت و اعتمادبه‌نفس است. این باورهای محدودکننده باید تغییر کنند تا با اطلاعات صحیح، منابع آموزشی و تمرین مستمر، نتایج بهتری حاصل شود. همچنین فهمیدیم برای اینکه به‌عنوان سازمانی معتبر شناخته شویم، باید اعتماد و همکاری درون‌سازمانی و توسعهٔ مهارت‌های حل مسئله را از طریق بهبود روابط در اولویت قرار دهیم. مأموریت ما کمک به داوطلبان برای رسیدن به اهدافشان با فهم بهتر نیازهایشان از طریق راه‌حل‌های نوآورانه، افزایش احساس ارتباط، اعتماد و امنیت است. با رشد سازمان، به‌طور مداوم باید ویژگی‌هایی چون قابل اعتماد بودن، احترام به مشتری، پذیرش خطا، حفظ محرمانگی، صداقت، پرهیز از قضاوت، بخشندگی و تمرکز بر رشد فردی و حرفه‌ای را مورد ارزیابی قرار دهیم. برای این کار، نیاز به انعطاف‌پذیری و سازگاری داخلی از طریق همکاری، بحث، تبادل نظر و بازخورد منظم داریم.[1] برنامه‌های آموزشی مستمر درون تیم و به‌روزرسانی ارزش‌ها و اصول سازمانی متناسب با تغییرات، نگرش مسئولانه و درک عمیقی نسبت به جامعه ایجاد می‌کند.

---

۱ انعطاف‌پذیری نه‌تنها کلید بقا، بلکه کلید شادکامی نیز هست. این انعطاف‌پذیری است که به ما اجازه می‌دهد تا در زندگی پیش برویم، و با چالش‌ها و تغییرات به نحو احسن کنار بیاییم. / بروس فیلر در کتاب:
“Life Is in the Transitions: Mastering Change at Any Age.”

مرحلهٔ چهارم
توسعهٔ مهارت‌های شبکه‌سازی

ما فعالانه در گروه‌های حرفه‌ای شرکت کردیم تا تعهد خودمان را نسبت به مسئولیت‌های اجتماعی ارتقاء دهیم، شبکه‌سازی کنیم و دانشمان را از طریق ملاقات با افراد جدید و به اشتراک گذاشتن تجربیات و ایده‌ها گسترش دهیم. در این فرایند، «هوش هیجانی» و «اعتمادسازی» بسیار مهم بودند. ما یاد گرفتیم که برای ارتباطات عمیق و مؤثر، باید احساسات خود و دیگران را درک کنیم، صادقانه و شفاف رفتار کنیم، به حرف‌های دیگران واقعاً گوش دهیم و به آنچه می‌گویند علاقه نشان دهیم. این رویکرد باعث شد نیازها و اهداف مختلفِ بازار هدفمان را درک کنیم و با «ذهنیتِ دهنده»[1]، ارتباط اولیه‌مان با مشتریان بالقوه را از طریق مشاوره‌های رایگان برقرار کنیم و حتی بدون انتظارِ سود، کمک کنیم. این رویکرد در ذهن مخاطبانمان به چشم یک ارزش نگریسته شد، و آگاهی و اعتماد آن‌ها را نسبت به ما افزایش داد، درنتیجه بیشترِ مشاوره‌گیرندگان را به سمت فرایند فروش هدایت کرد و مشتریانِ تک‌خرید را به طرفدارانِ مشتاق سازمان ما تبدیل کرد.

---

۱ دهندگانِ موفق به دنبال پیروزی‌هایی هستند که دیگران را هم در بر بگیرد. / آدام گرنت در کتاب:
"Give and Take: A Revolutionary Approach to Success."

مرحلهٔ پنجم

استفاده از شبکه‌سازی برای ایجاد تعاملات بین‌المللی

با گسترش خدمات در بازارهای بین‌المللی، متوجه شدیم که در برنامهٔ سفر مشتری[1] علاوه بر توجه به نیازها، ترجیحات، احساس و رفتارهای خرید این مشتریان، درک تفاوت‌های فرهنگی توسط ما ضروری است. این نگرش **مسئولانه** ما را به شبکه‌سازی حرفه‌ای به‌صورت بین‌المللی از طریق شرکت در کنفرانس‌ها، نمایشگاه‌ها، وبینارها و سایر رویدادهای آموزشی، فرهنگی، صنعتی و تجاری ملزم کرده است. درک فرهنگی، راه‌های جدیدی را جهت گسترش نیروی انسانی متخصص در سازمانمان و توسعهٔ روابط مثبت با شبکه‌های بین‌المللی پیش پایمان قرار داد. درون این شبکه‌ها رفتار صادقانه و شفاف، شناسایی و درک احساس اعضای شبکه با داشتنِ گوش شنوا و ایجاد «ذهنیتِ دهنده»، منجر به اعتمادسازی و درنتیجه تطبیق خودمان با بازار بین‌المللی شد. این موضوع علاوه بر افزایش وفاداری مشتریانِ بین‌المللی‌مان، باعث جلب تدریجی اعتماد سازمان‌ها و گروه‌هایی جهت شراکت تجاری با ما شده است که از مهم‌ترینِ آن‌ها می‌توان به چند مؤسسهٔ مهاجرتی بین‌المللی و چند مرکز آموزش مطرح اشاره کرد.

این‌گونه بود که سفر ما درجست‌وجوی هویتی عمیق‌تر، در هر گام به سوی شناخت بهتر قابلیت‌ها، پیش‌بینی مسیرهای نوین برای

۱ در دنیای امروز، تجربهٔ مشتری باید همچون یک اثر هنری طراحی شود که در آن هر لمس، هر نگاه، هر خرید، هر کلیک، و هر ارتباط یک فرصت برای شرکت است تا شخصیتِ خود را نشان دهد و رابطه‌ای عمیق با مشتریان خود برقرار کند. / براین سالیس در کتاب:
“X: The Experience When Business Meets Design.”

برند و تبدیلِ چالش‌ها به فرصت انجامیده و به کلید طلایی در رفع دو دغدغهٔ اصلی‌مان تبدیل شده است.

۱. ارائهٔ خدمات و محتواهای آموزشی با کیفیت بالا و شخصی سا ز ی شد ه
۲. داشتن شرکای تجاری بین‌المللی و فرصت‌های شغلی بیشتر

در ضمن، برآوردنِ این دو هدف، برای ما برند قوی‌تر، اعتبارِ بیشتر و درآمد بالاتر را به ارمغان آورده است.

واضح است که عوامل و استراتژی‌های متعددی نظیر تبلیغات، برندسازی، کانال‌های بازاریابی، ایجاد و ارائهٔ آموزش‌ها و محتواهای باکیفیت طبق استانداردهای روز دنیا، نقش انکارناپذیری در موفقیت هر سازمان آموزشی ایفا می‌کنند و برای هر کدام از این عوامل می‌توان راهکارهای قدم‌به‌قدم داشت، اما آنچه که می‌تواند تمایز یک سازمان آموزشی را با سازمان‌های مشابه پررنگ‌تر کند، میزان اعتمادی است که آن سازمان می‌تواند در بازار هدف خود ایجاد و آن را پایش کند. این اعتماد در گرو این است که به‌عنوان یک سازمان چقدر عمیق به صحبت‌های مراجعان گوش می‌دهید[1] و (حتی) حرف‌های ناگفتهٔ آن‌ها را می‌شنوید و آرزوها، چالش‌ها، ارزش‌ها و مسائل کلیدی زندگی و کار آن‌ها را شناسایی می‌کنید تا بتوانید مکالمهٔ مؤثرتری با آن‌ها داشته باشید. طی این فرایند

۱ بیشترِ مردم برای درک‌کردن گوش نمی‌کنند؛ گوش می‌دهند تا پاسخ دهند. / استیون آر. کاوی در کتاب:
"The 7 Habits of Highly Effective People: Powerful Lessons in Personal Change."

پنج‌مرحله‌ای، اعتمادسازی به‌عنوان قدرتی نرم بسترسازِ مسیر رشد کسب‌وکار یا سازمان می‌شود. این مسیر با شناخت بهترِ رهبر سازمان از خود و ظرفیت‌هایش آغاز و درنهایت منجر به بازارسازی و برندسازی می‌شود.

ممنونم که در این فصل از کتاب همراه من بودید. اگر تمایل دارید در زمینه‌های کوچینگِ کسب‌وکار[1] و کارآفرینی یک راهنمای گام‌به‌گام رایگان برای «توسعهٔ برند شخصی و کسب‌وکار» به‌عنوان هدیه تقدیمتان کنم، پیشنهاد می‌کنم به وب‌سایت من به نشانی:

www.mohsenkhakicoaching.com

(بخش مقالات) مراجعه کنید. همچنین اگر دوست دارید یادگیری‌تان را به چند سطح بالاتر ارتقاء دهید و امکان کار مستقیم با من به‌عنوان مربی در کنار خودتان را داشته باشید، پیشنهاد می‌کنم به بخش «خدمات / درخواست جلسات مصاحبه» روی وب‌سایت من مراجعه کنید.

1 Business Coaching

از ظرفیت‌شناسی تا برندسازی: اعتماد، قدرتی نرم برای رشد سازمانی

دربارهٔ نویسنده

محسن خاکی، کوچِ حرفه‌ای بین‌المللی مورد تأیید فدراسیون جهانی کوچینگ (ICF) و متخصص برندسازی است.

او مسیر حرفه‌ای خود را در هجده‌سالگی با تدریس زبان انگلیسی آغاز کرد. تغییرات در این مسیر از همان سال‌های ابتدایی رخ داد؛ زمانی که تصمیم گرفت پس از فارغ‌التحصیلی از دانشگاه در رشتهٔ مهندسی مکانیک، به رشتهٔ آموزش زبان انگلیسی روی بیاورد.

شکست در آغاز مسیر کارآفرینی، محسن را به دیدگاهی عمیق نسبت به چالش‌ها و فرصت‌ها برای تقویت برندش رهنمون ساخت. اکنون، با بیش از دو دهه سابقه در تدریس و مشاورهٔ آموزش زبان، او به نامی شناخته‌شده در حوزهٔ آمادگی آزمون‌های بین‌المللی، مخصوصاً

آیلتس، با هزاران کارگاه موفق تبدیل شده است.

این تغییرات، میل به ارزش‌آفرینی بیشتر را در محسن تقویت کرد و او را به سمت فراگیری علوم مدیریت و برندسازی و گذراندن دوره‌های تخصصی بین‌المللی کوچینگ هدایت کرد. در این دوره‌ها او توانست مهارت‌های خود را در توسعهٔ کسب‌وکار و نیز رشد فردی به کار گیرد. او در حال حاضر در مقام یک کوچِ موفق حرفه‌ای در سطح اول جهانی فعالیت می‌کند و با تکیه بر تجربهٔ برگزاری هزاران ساعت کوچینگ تخصصی و مشاوره دادن به صدها مراجع در عرصهٔ بین‌المللی، به صاحبان کسب‌وکار کمک می‌کند تا با شناسایی و به‌کارگیری استعدادهای خود، در مسیر تغییرات بزرگ به عملکرد حداکثری برسند.

به‌علاوه، او برنامه‌ها و کارگاه‌های متعددی را با هدف شناسایی و پرورش استعدادهای فردی و حرفه‌ای افراد طراحی و اجرا کرده است. او از این طریق، به افراد کمک می‌کند تا با شناسایی نقاط قوت خود، بتوانند مسیر شخصی و شغلی خود را به بهترین شکل ممکن پیش ببرند.

محسن مشتاق به یادگیری، مطالعه و رشد شخصی خود و دیگران است و علاقهٔ زیادی به ورزش، سفر و موسیقی دارد.

راه‌های ارتباط با نویسنده:

حوزهٔ کوچینگ:

www.mohsenkhakicoaching.com
mohsenkhakicoaching@yahoo.com
mohsenkhakicoaching

حوزهٔ آیلتس:

www.mohsenkhaki-ielts.com
ieltskhaki@gmail.com
IELTS Khaki

رقص در برابر تقدیر

مریم رسولی

رقص در برابر تقدیر
مریم رسولی
کارآفرین، کوچ و مؤسس گروه اوریفلند در ترکیه

مسیری که انتخاب نکردم!

افسانه‌ای هست که می‌گوید پیش از تولد تمام زندگی فرد را به او نشان داده‌اند و سپس فرد تصمیم گرفته است که آیا به دنیا بیاید یا خیر. اگر این‌طور باشد، لحظات زیادی در زندگی من هست که به‌خاطر دیدن آن‌ها پا به این زندگی گذاشته‌ام. لحظاتی که ناامید بودم و فکر می‌کردم توان ادامه دادن ندارم. لحظاتی که راهی یافتم و به دنبال رؤیاهایم رفتم. لحظاتی که زندگی کردم، ترسیدم، تردید کردم. اما تحت هر شرایطی که بودم به تلاشم ادامه دادم و از تغییر نترسیدم.

در خانواده‌ای ۳ نفری، ساکت و کمی متعصب به دنیا آمدم. بسیار ساکت و درون‌گرا بودم. پدرم مهندس و تکنیسین فنی شرکت آدامس خروس‌نشان و مادرم دیپلمه و خانه‌دار و عاشق بافتنی و قلاب‌بافی بود. در طبقهٔ بالای خانهٔ پدربزرگ زندگی می‌کردیم و به قول پدر خدابیامرزم، همیشه دور هم بودیم. کلاس سوم بودم که خانه‌ای مستقل در شهرک غرب خریدیم. دبستان من روبه‌روی شرکت پدرم بود. تصمیم گرفتم به‌خاطر دوستانم و محیط مدرسه، که به آن عادت کرده بودم، در همان مدرسهٔ قبلی بمانم، با اینکه مسیر آن از خانهٔ جدید ما فاصلهٔ زیادی داشت.

انگار دل کندن برای من سخت و نشدنی بود. این انتخاب

دشواری‌های زیادی را برای من به همراه داشت، اما باز هم تصمیم گرفتم سختی آن را به جان بخرم. هر روز صبح ساعت ۶ با سرویس شرکت پدرم به مدرسه می‌رفتم و اکثر اوقات بعد از مدرسه، در دفتر شرکت پدر یا خانهٔ پدربزرگ می‌ماندم تا ساعت ۴ شود و با پدرم به خانه برگردم.

دوستان و فضای آشنای مدرسه باعث شد که با وجود سختی‌های زیاد، تصمیم بگیرم دوران راهنمایی و دبیرستان را هم در همان محله بمانم. با این تفاوت که دیگر خودم به مدرسه می‌رفتم و برمی‌گشتم. این مسیر زیاد و صبح زود بیدار شدن همیشه سخت و خسته‌کننده بود. اگر برف می‌بارید، رفت‌وآمدم خیلی دشوارتر می‌شد. حاضر بودم اذیت شوم اما شرایط را تغییر ندهم.

عشق به هنر در رگ‌هایم بود و وقتی وارد فرایند آمادگی برای دانشگاه شدم، تصمیم گرفتم گرافیک و یا طراحی دوخت بخوانم. در درس‌های ریاضی و فیزیک نفر برتر منطقه و محل تحصیل بودم. این باور قدیمی روی زندگی من سایه انداخته بود که دانش‌آموزان خوب به سراغ هنر نمی‌روند. فشار خانواده باعث شد که وارد رشته‌های مهندسی و برنامه‌نویسی کامپیوتر شوم که به‌شدت در آن زمان پرطرفدار شده بود، اما کتاب‌های قطور زبان انگلیسی اصلاً باب سلیقهٔ من نبودند. دل به درس نمی‌دادم. رفته‌رفته این دلسردی من باعث شد تا از درس فاصله بگیرم. به هر سختی و دشواری بود، درس را تمام کردم. زمان خالی خودم را با اصرارهای مادر به کلاس‌های هنری می‌رفتم. هر کلاسی از خیاطی، نقاشی تا آرایشگری را رفتم تا به قول قدیمی‌ها از هر انگشتم یک هنر ببارد!

راهی به استقلال مالی

در بیـن تمـام درس‌هـا و آموزش‌هایـی کـه دیـدم، کار آرایشـگری به‌شـدت بـرای مـن جذابیـت پیـدا کـرد. بـرای حـال خـوب و کسـب درآمـد در آرایشـگاهی به‌عنـوان شـاگرد کارم را شـروع کـردم. پـدرم اصـولاً موافـق کار کـردن مـن نبـود، امـا مـن عاشـق اسـتقلال مالـی بـودم. ایـن باعـث شـد کـه بـا وجـود تمـام محدودیت‌هـا کارم را آغـاز کنـم و بعـد از مدتـی در ایـن شـغل شـریک شـوم و کارم را توسـعه دهـم. آموزش‌هـای تخصصـی دیـدم و آرایـش حرفـه‌ای می‌کـردم. خیلـی زود کوتاهـی مـوی حرفـه‌ای و آرایـش مـن زبانـزد خـاص و عـام شـد. همـه چیـز در ظاهـر عالـی بـود. امـا در خلـوت خـودم احسـاس می‌کـردم از تـه قلبـم خوشـحال نیسـتم.

در همیـن سـال‌ها بـا همسـرم آشـنا شـدم و هم‌زمـان بـه واسـطۀ بـرادرم وارد شـبکۀ هرمـی شـدم و احسـاس کـردم ایـن درسـت همـان کاری اسـت کـه آرزوی آن را دارم. سـهام خـودم را به‌عنـوان مدیـر مرکـز زیبایـی واگـذار کـردم و بـا مبلغـی کـه در دسـت داشـتم، خانـه خریـدم و بیشـتر روی کارم وقـت گذاشـتم. همسـرم بـازاری بـود و تمـام خانـوادۀ او اهـل تجـارت بودنـد، امـا او اعتقـادی بـه شـرکت‌های هرمـی نداشـت و مخالـف سرسـخت کار کردنـم بـود. بعـد از ازدواج، بـا تـرک کار قبلـی، دوبـاره هنـر بـه کمـک مـن آمـد. دوبـاره آمـوزش تخصصـی در زمینـۀ زیبایـی را شـروع کـردم. از شـروع کارم بسـیار خوشـحال بـودم کـه بـاردار شـدم. در ماه‌هـای آخـر بـارداری مجبـور شـدیم بـه خانـه‌ای در سـاختمان پدرشـوهرم برویـم. در خانـوادۀ آن‌هـا رسـم بـود کـه همـه در یـک سـاختمان زندگـی کننـد. تولـد پسـرم ایلیـا قشـنگ‌ترین لحظـۀ زندگـی مـن بـود. بـا بـزرگ شـدن او مـن هـم کارم را توسـعه دادم. در خانـۀ خـودم به‌آرامـی کار می‌کـردم.

حتی در آن زمان، در منزل خودم خدمات کلی آرایش و پیرایش عروس را انجام می‌دادم.

استانبول، مسیری جدید از زندگی

همسرم تولیدی و پخش محصولات جین را داشت. برای خرید نمونه‌کار چند باری با همسرم به استانبول سفر کردیم. از برندهای مطرح نمونه می‌خریدیم و با تغییراتی روی مدل، آن‌ها را تولید می‌کردیم. آخر هفته ایلیا را پیش پدر و مادرم می‌گذاشتم و صبح زود به بازارچهٔ محلی منطقه‌مان می‌رفتیم. تک‌مانده‌ها و حتی نمونه‌کارهای همسرم را می‌فروختیم. دو هفته بود که هیچ فروشی نداشتیم. همسرم به‌شدت دلسرد شده بود. اما من امیدوار بودم که تغییری ایجاد کنم. تصمیم گرفتم نمونه‌کارها را بپوشم و آن‌ها را تبلیغ کنم. این کار آن‌قدر جواب داد که شب، پول‌ها را با کیسه‌زباله به خانه می‌آوردیم و شمردن پول‌ها ساعت‌ها طول می‌کشید. این فروش خوب باعث شد تا از کار آرایشگری فاصله بگیرم. کار به جایی رسید که از مشتری‌ها سفارش می‌گرفتم و از آن‌ها می‌خواستم بیعانه واریز کنند. از طرف چند برند به ما پیشنهاد کار شد. اما اصلاً جدی نگرفتیم.

چند وقت بعد، فشارهای خانوادهٔ همسرم و شرایط ایران باعث شد تا به مهاجرت فکر کنم. مخالفت‌های خانوادهٔ خودم و همسرم با مهاجرت شدت گرفت. اما تصمیم خودم را گرفتم. با خانواده به استانبول مهاجرت کردم. به‌محض ورود به ترکیه، مدیر فروش برندی ایتالیایی شدم و به درآمد دلاری رسیدم. اما مهاجرت همیشه دشواری‌هایی را به همراه دارد. در آن سال‌ها اقامت در ترکیه

شش‌ماهه بود. باید دو ماه قبل از پایان مهلت اقامت از کشور خارج می‌شدیم و دوباره ورود مجدد می‌زدیم. این باعث شد تا دلتنگی خانواده کمرنگ شود، اما هزینه‌های زیادی را تحمیل می‌کرد. خیلی زود زبان ترکی استانبولی را یاد گرفتم و شروع به پس‌انداز کردم.

ایلیا در نزدیکی محل کار من به مدرسه می‌رفت. هر روز ظهر در ساعت ناهار، ایلیا را از مدرسه برمی‌داشتم و به خانه می‌رفتیم، با هم ناهار می‌خوردیم و دوباره برمی‌گشتم. از زندگی راضی بودم. آرامش اولویت زندگی من بود و به آن رسیده بودم. اما نقطهٔ امن می‌خواستم و دوست داشتم به هدف‌های بزرگ‌تری دست پیدا کنم. با گذشت سال‌ها، احساس کردم باید به فکر آینده باشم و درخواست بیمهٔ کاری را مطرح کردم. صاحب‌کارم بااینکه این کار را برای یابانجی‌ها (غیرترک‌ها) انجام نمی‌داد، پذیرفت، اما به این شرط که درخواست اضافه‌حقوق نکنم. متأسفانه بااین‌وجود، هر ماه این وعده به ماه بعد موکول می‌شد.

عضو جدید خانواده

خبر ناگهانی و هیجان‌انگیز بارداری دوم تمام مسیر زندگی‌ام را در هم ریخت. دکتر اعلام کرد که نباید زیاد سرپا بایستم و اگر رعایت نکنم شاید نیاز باشد استراحت مطلق داشته باشم. در این زمان بود که فهمیدم بیمه اهمیت زیادی دارد. به مدیر شرکت اعلام کردم که از این ماه بیمهٔ من را حتماً رد کند. دو ماه منتظر ماندم. در ماه سوم از رئیس شرکت درخواست کردم تا من را بیمه کند. اما باز هم اقدامی انجام نشد. کیفم را برداشتم و از همکارهایم خداحافظی کردم. بعد از این سال‌ها فهمیده بودم رستگاری در رها

کـردن اسـت. آن لحظـه می‌دانسـتم کاری را رهـا می‌کنـم کـه آرزوی خیلی از آدم‌هاست. اما می‌دانستم قرار است مسیر بهتری پیدا کنم. بااین‌حال نگـران بـودم.

در مسیر برگشت هـوا سـرد بـود. تا منـزل ده دقیقـه بیشـتر راه نبود امـا بـرای مـن یـک سـاعت گذشـت. پسـر کوچکـم در گوشـهٔ شـکمم جمـع شـده بـود. قـرار بـود فصـل جدیـدی از زندگـی مـن آغـاز شـود. شب همسرم به خانه آمد. به او گفتم کـه قـرار نیسـت بـه سـر کار بـروم. بـه مـن گفـت می‌دانـی مـردم بـرای داشـتن چنیـن کاری سـر و دسـت می‌شـکنند؟ از مـن خواسـت کمـی اسـتراحت کنـم و بعـد دوبـاره بـا رئیسـم صحبـت کنـم. امـا مـن تصمیـم خـودم را گرفتـه بـودم. دیگـر آن دختـر کوچکـی نبـودم کـه بقیـه حـق داشـتند دربـارهٔ مسـیر زندگـی او تصمیـم بگیرنـد. امـکان نداشـت برگـردم. تصمیـم گرفتـم کار خـودم را آغـاز کنـم. امـا چـه کاری؟

شـرایط را بایـد در نظـر می‌گرفتـم؛ واقعیـت ایـن بـود کـه سـرمایهٔ راه‌انـدازی کار را نداشـتم. در اسـتانبول کسـی مـن را نمی‌شـناخت. افـکار تاریـک در اطرافـم می‌چرخیدنـد. تصمیـم گرفتـم چنـد روزی اسـتراحت کنـم تـا درنهایـت تصمیـم بگیـرم کـه چـه کاری را انجـام دهـم. بـرای خـودم برنامه‌ریـزی کـردم. نزدیک‌تریـن دفتـر بـه خانـه را اجـاره کردیـم و همسـرم شـروع بـه فعالیـت در حـوزهٔ کاری خـودش کـرد. مـن هـم بـرای گذشـتن از ایـن دوره، تصمیـم گرفتـم دوبـاره تخصص‌هـا و آموخته‌هـا و تجربیـات گذشـته را بـه کار ببـرم. دوبـاره وارد حیطـهٔ زیبایـی شـدم. در ایـن مسـیر بایـد مدرک‌هـای قبلـی ایرانـم را در ترکیـه به‌روزرسـانی می‌کـردم. در همیـن زمـان به‌طـور خیلـی تصادفـی، وارد کار نتـورک مارکتینـگ در شـرکت اوریفلیـم کـه یـک برنـد سـوئدی بـود

شدم و محصولات خودم و دوستانم را از این برند تهیه می‌کردم. در دفتر کار همسرم، میزی را اجاره کردم و شرکت خودم را به راه انداختم. خیلی زود کارم پیشرفت کرد.

هم‌زمان با پیشرفت کاری و تولد فرزند دوممان، آتیلا، ناگهان صاحب‌خانهٔ ما تصمیم گرفت اجارهٔ خانه را به‌جای افزایش مختصر هرساله، دوبرابر کند. او به ما اعلام کرد که اگر توان پرداخت ندارید، خانه را خالی کنید. همان زمان به همسرم گفتم: «بیا در استانبول خانه بخریم». اول تعجب کرد و پرسید: «با کدام پول؟» اما مخالفت نکرد. سال‌ها تجربهٔ زندگی مشترک به او نشان داده بود که مخالفت بی‌مورد است. خانهٔ ایرانم را فروختیم و با پس‌اندازهایمان، با کلی تلاش توانستیم خانه بخریم.

کار در زمان تعطیلی دنیا

پس از کسب مدارک لازم تصمیم گرفتم که دفتر مستقل خودم را راه‌اندازی کنم. با تحقیق زیاد مکان مناسبی را برای مرکز زیبایی جدیدم پیدا کردم. صحبت‌های اولیه را با صاحب ملک انجام دادیم. موقعیت مکانی عالی بود و در یکی از پررفت‌وآمدترین مکان‌های گردشگری استانبول قرار داشت. قرار شد ماه بعد دفتر را افتتاح کنم. اما هفتهٔ بعد کووید آمد و دنیا اعلام تعطیلی مطلق کرد. دفتر را با چشم گریان بستیم. با کلی علامت سؤال در ذهنم به سمت خانه رفتم. خریدهای لازم را انجام دادیم، درحالی‌که نمی‌دانستیم چند روز قرار است این وضعیت طول بکشد. ایلیا پسر بزرگم به من گفت: «مامان ناراحت نباش، چند روزی می‌توانی استراحت کنی»، اما من اهل بیکاری نبودم. پسرم پیشنهاد داد که کارم را به‌صورت

دیدگاه‌هایی درباره کوچینگ

مجازی ادامه دهم. اولین بار با کمک او، یک جلسهٔ زوم را برگزار کردم. ذهنم عاشق چالش بود و همیشه دوست داشتم راه‌حلی برای موانعی پیدا کنم که گاهی بزرگ‌تر از حد تصورم می‌شدند. چطور می‌توانستم از این مرحله رد شوم؟ در این زمان مطالبی در مورد محصولی تخصصی شنیدم که دارای قوی‌ترین آنتی‌اکسیدان‌ها بود و سیستم ایمنی بدن را تا حد بسیار زیادی تقویت می‌کرد. این درست همان چیزی بود که به درد آن روزها می‌خورد و می‌توانست جان انسان‌های زیادی را نجات دهد. لایو گذاشتن را آغاز کردم و شروع به معرفی این محصول کردم. در دوران کووید نفر سوم اوریفلیم ترکیه و نفر اول جلسات آنلاین و سازمان‌سازی شدم. از چالش کووید راهی برای موفقیت پیدا کردم، اما این بار بخشی از کار بود که بیشتر به دلم می‌نشست: کمک به هم‌نوعانم. رسالت من این بود. در ابتدای کار بازخوردهای بسیار مثبتی گرفتم. دیگر برای من مهم نبود که شرایط چقدر سخت بود. من راهی یافته بودم و رسالتی را که دوست داشتم آغاز کردم.

ترس از کووید باعث شده بود که عدهٔ زیادی در غار تنهایی خودشان قایم شوند. اما کووید مانع من نبود و به‌محض اینکه دولت اجازه داد، جلسات حضوری را آغاز کردم و چند روز در هفته دفتر کارم را باز می‌کردم. بقیهٔ روزهای هفته هم به‌صورت آنلاین کلاس‌هایم را دایر می‌کردم. کووید از من انسانی متفاوت ساخت. یاد گرفتم باید به دیگران کمک کنم و رسالت جدیدی دارم. هدف‌های بزرگی را برای خودم نوشتم و تصمیم گرفتم به هرکدام جامهٔ عمل بپوشانم.

مریمی که امروز در آینه می‌بینم همسری همراه، مادری جسور

و قوی، خانمی مستقل و تأثیرگذار، لیدری توانمند و حامی بانوان سرزمینم است. زنی که از هر مانعی عبور خواهد کرد و راهی خواهد یافت. یکی از اهدافی که در زندگی داشتم این بود که داستان زندگی خودم را برای تمام زنانی که به دنبال تغییر هستند، بنویسم. زنانی که موانعی به آن‌ها تحمیل شده است که باور دارند قدرتمندتر از آن‌هاست. من دوست دارم به همهٔ آن‌ها بگویم که هیچ چیزی از ارادهٔ یک زن قدرتمندتر نیست.

برای ده سال آینده برنامه‌های زیادی دارم که ایمان دارم به آن‌ها خواهم رسید. از نظر من هیچ کاری نیست که نتوان آن را انجام داد. از نظر من، هیچ کاری نشد ندارد و «خواستن توانستن است» را با تمام وجودم زندگی کرده‌ام. من امروز هدف‌هایی دارم که باورش برای خودم نیز دشوار است، اما می‌دانم در آینده روزی آن‌ها را عملی خواهم کرد. برای شروع جدید آماده‌ام و حاضرم تغییر کنم.

شعار من تغییر دنیا توسط بانوان آگاه است. امروز در مجموعه‌ام هزاران بانوی توانمند و موفق دارم که با هم رشد می‌کنیم و عاشق یکدیگر هستیم و امید دارم هر روز بر تعداد این زنان قدرتمند افزوده شود.

دیدگاه‌هایی درباره کوچینگ

رقص در برابر تقدیر

دربارهٔ نویسنده

مریم رسولی، بیزینس‌کوچ[1] حرفه‌ای، نتورکر و کارآفرین، با بیش از ۱۵ سال تجربه در نتورک‌مارکتینگ[2] و منتورینگ[3] است. او به‌عنوان یکی از لیدرهای برتر اوریفلیم و مؤسس آکادمی اوریفلند، به توسعهٔ کسب‌وکارها و رشد فردی مهاجران کمک می‌کند. مریم دارای مدرک رسمی از فدراسیون بین‌المللی کوچینگ[4] (ICF) و متخصص در بیزینس‌کوچینگ و استارتاپ‌بیزینس است. او در حال حاضر در استانبول، ترکیه اقامت دارد. مریم همسر و مادری جسور و قوی، مستقل و تأثیرگذار، رهبری توانمند و حامی بانوان است. او عاشق تدریس و آموزش است و قصد دارد با فعالیت تخصصی در

---

1 Business Coach
2 Network Marketing
3 Mentoring
4 International Coaching Federation

زمینـۀ کوچینـگ بـه بانوانـی کـه هدفـی بـزرگ دارنـد کمـک کنـد. او بـا سـال‌ها تجربـۀ کار در مراکـز زیبایـی و تجـارت و سـابقۀ کار به‌عنـوان مدیـر فـروش بعـد از مهاجـرت بـه ترکیـه، سـرانجام تصمیـم گرفـت بـرای خـود کار کنـد. همه‌گیـری بیمـاری کوویـد باعـث شـد کـه مریـم نتوانـد مرکـز زیبایـی خـود را دایـر کنـد، امـا بـا افزایـش فعالیت‌هـای مجـازی در شـرکت اوریفلیـم مسـیر جدیـدی را در زندگـی خـود آغـاز کـرد و خیلـی زود، نفـر سـوم برنـد اوریفلیـم ترکیـه و نفـر اول جلسـات آنلایـن و سازمان‌سـازی شـد. در ایـن زمـان دریافـت کـه کمـک بـه دیگـران هـدف اصلـی او در زندگـی اسـت. مریـم در ۴۲ سـالگی تصمیـم گرفـت وارد زمینـۀ تخصصـی کوچینـگ شـود. او بـا هـدف آمـوزش بیزینس‌کوچینـگ وارد آکادمـی سـتارۀ شـمال شـد و پـس از دریافـت آموزش‌هـای کوچینـگ از ایـن آکادمـی فارغ‌التحصیـل شـد.

مریم اعتقاد دارد کـه در طـول ایـن سـال‌ها به‌شـدت تغییـر کـرده اسـت. او دوسـت دارد در مسـیر یادگیـری پیـش بـرود و دانـش خـود را بـا دیگـران نیـز بـه اشـتراک بگـذارد. مأموریـت مریـم به‌عنـوان یـک کـوچ ایـن اسـت کـه افـراد را بـه بهتریـن نسـخۀ خودشـان تبدیـل کنـد.

maryamrasouli_coach
exportkozmo@gmail.com
maryamrasooli.com
05521967547
00905380547050

کوچینگ و مبانی سواد شهودی

ندا رضایی آذر

کوچینگ و مبانی سواد شهودی

ندا رضایی‌آذر

کوچ رشد و توسعهٔ فردی با رویکرد هنر و خلاقیت

بسیار سفر باید...

چهار یا پنج‌ساله بودم که دوست داشتم یک روسری زیبا و گل‌دار از کمد لباس‌های مادرم انتخاب کنم و در میانش یک دفترچهٔ کوچک، چند مدادرنگی و کمی از خوراکی مورد علاقه‌ام بگذارم و چهار گوشهٔ آن را گره بزنم تا شکل بقچه شود. بعد در بین گره‌ها یک چوب‌دستی کوچک جا می‌دادم و آن را روی دوش می‌گذاشتم و در تودرتوی اتاق‌های خانه می‌چرخیدم؛ یعنی من مسافر و مهاجرم. هر جایِ سفرم که خسته می‌شدم، می‌نشستم، بقچه را باز می‌کردم، نقاشی می‌کشیدم و خوراکی می‌خوردم و با وسایل اتاق‌ها بازی می‌کردم. این‌طور سرگرم بودم و در ذهنم تصویر می‌ساختم و قصه می‌بافتم. وقتی نُه‌ساله شدم، زمان آن رسیده بود تا همهٔ آنچه را که از سفرهایم در ذهن داشتم، روی کاغذ بیاورم. تشویق‌های پدرم باعث شد تا مدت‌ها از سر ذوق بنویسم و به نظرم نوشته‌هایم هر بار بهتر می‌شدند.

وقتی از کودکی با بازی در دنیای کودکانهٔ ذهنت به سفر می‌روی، می‌آموزی که لذت بردن از مسیر، مهم‌تر از رسیدن به مقصدی است که خود مبدأ سفر بعدی است. زندگی بیرونی و درونی من با سفر عجین شده است. تمامی آنچه که تا به امروز عامل رشد و ترقی خود می‌دانم، تنها با تجربهٔ این سفرها به دست آمده است.

همان‌گونه که شیخ اجل، سعدی شیرازی، گفته: «بسیار سفر باید تا پخته شود خامی»[1]

قدم گذاشتن در عرصهٔ هنر؛ دوراهی باور و انتخاب

هر روز بعد از مدرسه تا غروب در حیاط خانه مشغول مرور کردن درس‌ها روی تخته سیاه با گچ‌های رنگی‌ام بودم ـ هنوز گچ‌های پلیکان چهل سال قبل را دارم که گنجینهٔ مورد علاقه‌ام است و یادگار بازی‌های کودکی‌ام که با من سر از کانادا درآورده‌اند ـ بعد از انجام تکلیف‌هایم نقاشی می‌کشیدم، دوخت‌ودوز می‌کردم و غالباً داستان کوتاه می‌نوشتم.

علاقه‌ام به هنر، خصوصاً نقاشی، تا دبیرستان هم ادامه داشت. بعد از گرفتن دیپلم تجربی به‌خاطر عشق به آن، وارد دانشگاه هنر شدم و در رشتهٔ گرافیک تحصیل کردم و تا مقطع فوق لیسانس ادامه دادم. در تمامی دوران تحصیلم می‌دانستم که به کار کردن در شرکت‌های تبلیغاتی و هنری علاقه‌ای ندارم، بنابراین چون عاشق تدریس بودم، در هنرستان مشغول به کار شدم و بعد از مدت کمی هم تدریس در دانشگاه را آغاز کردم. معلمی از کودکی در وجودم ریشه داشت و فقط عشق و اشتیاق به دانش و آموزش آن علاقه را تغذیه می‌کرد.

از سوی دیگر، همیشه بخشی از وجودم از دوران جوانی با مذهب درگیر بود. با اینکه علاقهٔ بسیاری به موسیقی و رقص داشتم به‌یک‌باره خودم را با چادر و روسری دیدم. از آن زمان به بعد، همیشه برای تضادهای درونی‌ام دربارهٔ اعتقادات و باورهایم به دنبال جواب می‌گشتم، زیرا احساس دوگانگی می‌کردم. گاهی معتقد و

---

[1] گلستان سعدی، باب هشتم

باایمان بودم و زمانی بی‌اعتقاد، گاهی باحجاب و گه بی‌حجاب؛ اسیر و گرفتار مثل پرنده‌ای در قفس و در حسرت آزادی جسم و روح. این دغدغه فقط شامل آزادی ظاهری نمی‌شد، بلکه آزادی افکار و انتخاب‌ها، بدون پیش‌فرض‌های ذهنی را هم در بر می‌گرفت. به دلیل آن‌همه آشفتگی و کلافگی، سؤال‌ها و چراهای بی‌جواب، برای خروج از این رنج - همان رنجی که محرک رهایی بود - انتخابم مطالعه، شناخت بیشتر خودم و حتی حضور در جلسات مکاتب مختلف ایدئولوژیک شد. این بایدها و نبایدها، شکسته شدن‌ها و دوباره پیوند خوردن‌ها تا وقتی که ازدواج کرده و مادر هم شده بودم، همچنان نهفته و زیرپوستی با من زندگی می‌کردند. حتی در انتخاب مقصدهای سفر هم این دودلی‌ها وجود داشت. سفر به کشورهای توریستی از یک طرف و سفر به مکه، مدینه و سوریه، از طرف دیگر. تا اینکه باورهای مذهبی بیست‌ساله‌ام، که در راستای پیدا کردن جواب تردیدهایم بارها و بارها ترک برداشته بود، به‌یک‌باره در هم شکست و فروریخت. دیگر از ذهنی که دائماً مقایسه و قضاوت می‌کرد و احساس ترس و گناه داشت و تکلیف و اجبار را تجربه می‌کرد و باورهایی با تفاسیر زیاد می‌ساخت، خبری نبود. زیرا آنچه که باعث رشد، تغییر و تحول و رهایی‌ام از ترس‌ها، انتخاب‌های کورکورانه و «میراثی» نشئت‌گرفته از ناچاری و بی‌خردی به‌جای عشق و اشتیاق شده بود، بالاخره مرا از اسارت درآورد. حالا احساس رهایی، سبکی و آزادی را در کل وجودم تجربه می‌کردم. «چون به خود آیی به خدایی رسی»[1]. با شناخت بیشتر و عمیق‌تر از خودم، ظرفیت‌ها

۱. برگرفته از رباعی سلمان ساوجی: «ای آن‌که تو طالب خدایی به خود آ / از خود بطلب کز تو جدا نیست خدا...»

و ارزش‌هایم تغییر کرده بود، نگاهم به زندگی و مرگ متفاوت و جهان‌بینی‌ام دگرگون شده بود؛ تحولی که سکونت مرا از ذهن به قلب آورد. اکنون به عشق و حضور هوش الهی در درونم پی برده‌ام. همه‌جا آن را می‌بینم، همیشه با من و در درون من است و هر لحظه، در همه چیز و هرجا که بخواهم خدایم را احساس و تجربه می‌کنم.

مولانا می‌گوید: «دور مرو، سفر مجو، پیش تو است ماه تو»[1]

درست است که برای دستیابی به چنین درک و تغییری بسیار درد کشیدم و رنج بردم اما اگر رنج نباشد نه آگاهی شکوفا می‌شود و نه رهایی گل می‌دهد.

سقراط می‌گوید: «زندگیِ نیازموده ارزش زیستن ندارد.»[2]

شفابخشیِ هنر: سفر از ندای بیرون به ندای درون

زندگی برای من با تمام پستی و بلندی‌هایش در جریان بود تا اینکه زمان مهاجرت فرارسید. بعد از چهارده سال تدریس، که مرا به تمامی اغناء می‌کرد، حالا می‌بایست تمامی آن دستاوردها را جا گذاشته و رها می‌کردم و از همهٔ دلبستگی‌ها، وابستگی‌ها و هویتی که در طی سال‌ها، عاشقانه و با تحمل مشقت‌های فراوان ساخته بودم دست می‌کشیدم و دور می‌شدم. به کانادا مهاجرت کردیم. آمدم، اما تا چندین ماه گیج و سردرگم، گاهی راضی و گاهی پشیمان بودم. دو سال اول، در تلاش برای رفع مشکلات متفاوت سپری شد. تحمل فشارها و از صفر شروع کردن‌ها طاقت‌فرسا بود. با زیاد شدن این فشارهای احساسی، متوجه شدم جسمم را

۱ دیوان شمس، غزل شمارهٔ ۴۴
۲ افلاطون این جمله را به نقل از سقراط در کتاب دفاعیه (Apology) آورده است.

بیمـار کـرده‌ام؛ بیمـاری‌ای کـه عمومـاً در دوران سـالمندی بـه آن مبتـلا می‌شـوی، امـا در چهل‌سـالگی بـه مـن سـر زد و مهمـان ناخوانـده شـد. خودخوری‌هـا و سـرزنش‌ها، نـگاه بـه گذشـته و... همگـی ایـن بـار بـه شـکل تومورهایـی ابتـدا در ذهنـم و سـپس در جسـمم نمایان شـدند. حضور رنـج در سـال‌های اول مهاجـرت بـرای بسـیاری آشناسـت، درگیری‌هـای احساسـی و ناامنی‌هـای شـغلی و مالـی پررنـگ هسـتند. می‌دانسـتم بـا درد و غـم، رنـج پدیـدار می‌شـود امـا همیشـه توجـه بـه همیـن درد اسـت کـه مسـیر درسـت را نشـانمان می‌دهـد، به‌موقـع می‌آیـد تـا مـا را عمیقـاً در خودمـان فـرو ببـرد تـا آگاه و بیـدار شـویم. بنابرایـن در طـول مـدت درمـان و تصمیم‌گیـری بـرای جراحـی، بـا توجـه بـه اندوخته‌هـای قبلـی، بـه خـودم آمـدم تـا مجـدداً بـه انتخاب‌هایـم نـگاه کنـم و جهتـم را تغییـر دهـم و شـکرگزار داشـته‌هایم باشـم. از خـدا طلـب بخشـش کـردم و از وجـودم عذرخواهـی کـه او را بـا انتخاب‌هـای اشـتباه در چنیـن موقعیـت پُردردی قـرار داده بـودم. جراحـی شـدم و تمـام تومورهـا تراشـیده و پـاک شـدند؛ هماننـد مـن کـه ذهنـم را پـاک و تمیـز کـردم. خوشـبختانه چـون تومورهـا خوش‌خیـم بودنـد، نیـاز بـه شـیمی‌درمانی نبـود.

می‌دانیـم هنـر خاصیـت شفابخشـی دارد. مـن هـم کـه از ایـن توانمنـدی و موهبـت برخـوردار بـودم، بـه کمـک نقاشـی کـردن توانسـتم سـلامتی روحـی و جسـمی خـودم را سـریع‌تر بازیابـی و احیـا کنـم.

آلبـر کامـو[1] می‌گویـد: «وقتـی انسـان آموخـت کـه چگونـه بـا رنج‌هایـش تنهـا بمانـد و چگونـه بـر اشـتیاقش بـه گریختـن از رنج‌هـا چیـره شـود، آن‌وقـت چیـز زیـادی باقـی نمانـده کـه یـاد نگرفتـه باشـد.»[2]

1 Albert Camus

۲ از کتاب افسانهٔ سیزیف (The Myth of Sisyphus)، آلبر کامو.

دیدگاه‌هایی درباره کوچینگ

در تمـام طـول زندگـی‌ام هنـر یاری‌رسـان مـن بـوده اسـت. بـرای فهـم و درک موضوعـات و آثـار هنـری بـه ابزارهایـی از جنـس دانـش و اطلاعـات بصـری نیـاز داریـم، کـه بـه آن‌هـا مبانـی سـواد بصـری می‌گوینـد. چنانچـه بـر مبانـی مسـلط باشـیم و بـا تمریـن و ممارسـت در طـول زمـان تجربـه اندوختـه باشـیم، بـه نیرویـی مجهـز می‌شـویم کـه در پرتـو آن خلاقیـت ظهـور می‌کنـد و اثـر هنـری خلـق و متولـد می‌شـود. بـا خلـق هـر اثـر هنـری بـه بازنمایـی واقعیـت می‌پردازیـم. اینجـا اشـاره‌ای بـه مفهـوم «سـواد» خالـی از لطـف نیسـت. امـروزه می‌دانیـم کـه تعریـف سـواد دیگـر بـه همـان سـادگی دوران گذشـته نیسـت. طبـق تعریـف یونسـکو، «باسـواد[1] کسـی اسـت کـه بـر اسـاس خوانده‌هـا و دانسـته‌های خـود تغییـری در زندگـی‌اش ایجـاد کنـد.»

دانـش و اطلاعـات بـه خـودی خـود مـلاک آگاهـی نیسـتند، درواقـع فقـط زمانـی کـه دانـش در جهـت تغییـر دادن و معنـادار کـردن زندگی‌تـان بـه کار رود، کاربـردی و سـودمند بـوده و شـما باسـواد تلقـی می‌شـوید. دنیـای بیرونـی به‌سـرعت رشـد و توسـعه یافتـه اسـت، بنابرایـن انسـان‌ها هـم بایـد بـا همیـن سـرعت در مسـیر رشـد و توسـعهٔ فـردی قـدم بردارنـد تـا بـا فرکانـس جهانـی برتـر، هماهنـگ شـوند و در سـطوح بـالای آن قـرار گیرنـد.

سفری کوچینگی با ابزاری شهودی

در ادامـهٔ مسـیر رشـد شـخصی خـودم بـا مهـارت فوق‌العـادهٔ کوچینـگ[2] آشـنا شـدم و فهمیـدم کـه ایـن همـان نیمـهٔ گمشـده‌ای اسـت کـه دوسـت

۱ سـازمان ملـل در قـرن ۲۱، دوازده نـوع سـواد را بـه رسـمیت شـناخته اسـت: سـواد علمـی، عاطفـی، مالـی، ارتباطـی، تربیتـی، رایانـه‌ای، سـلامت، بوم‌شـناختی، تحلیلـی، انـرژی، رسـانه‌ای، نـژادی و قومـی.

2 Coaching

دارم ادامهٔ زندگی هنری‌ام را با آن در هم آمیزم تا معنا و رسالت وجودی‌ام را زندگی کنم.

تیموتی گالوِی[1] تعریفی از کوچینگ دارد به این مضمون: «موفقیت یک فرد منوط به کنار آمدن او با چالش‌ها و افکار درونی‌اش است.»[2] بخش مهمی از موفقیت‌های ما می‌تواند از نوع نگاهمان به چالش‌هایمان سرچشمه بگیرد، هر چقدر این نگاه و تفکر از زوایای بازتر، بالاتر، مثبت‌تر و خلاقانه‌تری بهره‌مند باشد، انتخاب‌ها بهینه‌تر شده و تصمیمات کاربردی‌تر و ارزشمندتر می‌شوند.

با استفاده از مهارت کوچینگ می‌توانیم با نگاهی کنجکاو، متفکر و آگاه، به خود عمیق‌تر بنگریم و بدون تعصب، از خودمان سؤالاتی بپرسیم تا به کندوکاو بیشتر در وجودمان بپردازیم. می‌توانیم ویژگی‌ها، توانایی‌ها، علایق و ارزش‌هایمان را شناسایی و نیازهایمان را برطرف کنیم. می‌توانیم باورها و تفسیرهایمان را شفاف کنیم، نقاط قوتمان را بیشتر کنیم و نقاط ضعفمان را کم‌رنگ‌تر، و خود را در مسیر رشد قرار دهیم. از گذشته درس بگیریم، دیگران را ببخشیم و رها کنیم و با رویکردی مثبت به زندگی ادامه دهیم، این همان مهارتی است که سال‌ها، ناآشنا با نامش، در زندگی‌ام به کارش گرفته بودم.

چنان‌که آنتونی رابینز[3] گفته است: «سؤالات خوب، کیفیت زندگی ما را تعیین می‌کنند.»[4] این مهارتی است که با آن می‌توان

---

1 Timothy Gallwey

۲ از کتاب بازی درونی تنیس (The inner game of Tennis)، تیموتی گالوی.

3 Anthony Robbins

۴ از کتاب بیداری غول درون (*Awaken the Giant within*)، آنتونی رابینز.

ماجراجویی و سفر را ابتدا از درون خود آغاز کرد؛ مهارتی که باعث می‌شود آگاهی ما از سطوح پایین یا کاتابولیک[1] به سطوح بالا یا آنابولیک[2] حرکت کند و ارتقا یابد.

استادم، شهاب انصاری، می‌گوید: «منظور از کاتابولیک، فروپاشنده، استرس‌زا و منفی است و منظور از آنابولیک، التیام‌بخش، سازنده و مثبت است. فکر، احساس و کنش ما هر لحظه می‌تواند کاتابولیک یا آنابولیک باشد. پس در برخورد با هر رویداد بیرونی، این انتخاب را داریم که کاتابولیک برخورد کنیم یا آنابولیک.»

بروس اشنایدر[3] در نظریهٔ مشهورش برای رشدِ مهارت مدیریت و رهبری، هفت سطحِ انرژی (آگاهی)، قائل می‌شود.[4] بیشترین دستیابی ما به رشد و موفقیت از سطح پنج به بالا است. در سطح شش، شهود و در سطح هفت، اتصال و خلق خودنمایی می‌کند. عرصه و مداری بی‌نظیر که تمامی انسان‌ها از آن برخوردارند. حضور پیامبران و مذاهب به جهت شناساندن این ویژگی که همهٔ ما یکی هستیم و هیچ تفاوتی بینمان نیست و هر یک به‌تنهایی به این منبع بی‌نهایت متصلیم، شاهد و گواه خوبی بر اشرف مخلوقات بودنمان و برای وجود این گنج درونی است. دستیابی به این گنج ذی‌قیمت و استفاده از آن پاسخ‌گوی هدف خلقت انسان و جملهٔ «من کیستم؟» است و هستی‌مان روی زمین، در این دنیا را معنادار می‌کند.

---

۱ فروگشتی

۲ فراگشتی

3 Bruce D Schneider

۴ بروس اشنایدر در کتاب انرژی رهبری (Energy Leadership: The 7 Level Framework for Mastery In Life and Business) نظریهٔ هفت سطح آگاهی را مورد بررسی قرار داده است.

در لحظهٔ حضور در سطح ششم با شهود خود در ارتباطیم؛ همان اتصالی که سرانجام در سطح هفتم ما را با شعور باطنی، انرژی الهی، کائنات و آگاهی جمعی پیوند می‌دهد و مرتبط می‌کند. حسی بسیار زنده و پویا، آگاه و متصل به بی‌کرانگی.

می‌خواهم شما را با خودم هم‌سفر کنم، سفری خاص و به‌یادماندنی. برای قدم گذاشتن در راه این سفر شگفت‌انگیز نیازمند ابزارهایی ویژه هستیم. نامش را «سواد شهودی» گذاشته‌ام؛ مجموعهٔ سوادها و مهارت‌هایی که با تمرین‌های فراوان از جمله مراقبه و ذهن‌آگاهی و با سکونت در قلب به آن‌ها دست می‌یابیم و وقتی مزین به آن‌ها شویم، آن‌گاه خود را مدام از نو، به‌زیبایی، کشف و تجربه می‌کنیم.

به نظرم از زاویهٔ نگاه هنرمندانه، در این سفر خاص کوچینگی، مبانی این سواد شهودی، فرمش دایره است؛ بی‌نقص و کامل، نورش پاک و سفید به‌سان هفت رنگ رنگین‌کمان. عدد آن نُه است و جنسش از جنس سکوت و بدون پیش‌داوری و حالش مراقبه‌گون، سرشار از پذیرش و رهایی، با ضرباهنگی تکرارشونده همانند نت‌های موسیقی و درنهایت با هارمونی بی‌نظیری در چرخش و رقص، بیداری‌اش هدفمند و پرمعنا مملو از خلاقیت و روشن‌بینی، شادی و شعفی از تبار آگاهی و ماندگار، دریافت‌هایش همچون نمنمِ باران آهسته و پیوسته، لطیف و احیاکننده، شور و شوقش گرم و سوزان و آمیخته با هیجان است. با حضور در این جایگاه بی‌همتا، همچون عقابی تیزبین بر فراز وجودت پرواز می‌کنی و دیدنی‌های بسیاری را تجربه کرده و می‌شناسی. حالا تو شکارچی مدبری هستی که بهترین‌ها را برمی‌گزینی، تجربه و رشد می‌کنی. در زمان بهره‌مندی از شهود، از

کثرت‌ها به وحدت رسیده و یگانگی‌ات را مشاهده می‌کنی. بالقوه‌ها را به بالفعل تبدیل می‌کنی و از درون ناخودآگاه زمینی، آگاهانه به خودآگاه آسمانی سفر می‌کنی زیرا از سطوح پایین زندگی فراتر رفته‌ای تا به حقیقت حضور و معنای زندگی‌ات دست پیدا کنی و سفری را که از ذهن آغاز کرده‌ای، در قلبت پایان دهی.

ما در دنیای شهودی، دسترسی به ثروت عظیم و بی‌پایانی داریم که فقط می‌توانیم آن را با شعور حاکم بر جهان هستی معامله کنیم؛ معامله‌ای از روی خرد و آگاهی که یک سر آن ما هستیم و سر دیگرش کائنات. در آن دنیا قلب‌ها حاکم هستند و سخن می‌گویند؛ سخنانی برآمده از دل، نه زبان.

اکهارت تُله[1] می‌گوید: «گدایند همهٔ کسانی که ثروت حقیقی خویش را پیدا نکرده‌اند. همان ثروتی که شادمانی از هستی است، همان چشمه‌های آرامش ژرف که در درون می‌جوشد.»[2]

با قدم گذاشتن در این سفر شهودی، معجزات در زندگی پدیدار می‌شوند و توفیق الهی در کل مسیر یاری‌مان می‌کند، این‌گونه در آرامش تسلیم تا زمان ورود به بُعدی دیگر، با خشنودی و رضایت زندگی می‌کنیم.

همیشه مسیر تغییر و تحول با پرسش‌های اصلی و اساسی شروع می‌شود و چنانچه ذهنِ درگیر این پرسش‌ها، خوب آبیاری و تغذیه شود، در مسیر رشد و شکوفایی حرکت خواهد کرد. آرامش وقتی می‌رسد که در آدمی شخصیتی جدید شکل گرفته باشد. آن‌گاه است

1 Eckhart Tolle

۲ از کتاب قدرت اکنون (The power of now)، اکهارت تله.

که خودتـان را در دنیـای جدیـدی می‌بینیـد کـه در آن پنجرهٔ قلبتـان ایـن بـار هـم رو بـه تجلـی دیگـری بـاز شـده اسـت و آن گشـایش همچـون آفتابی گرمابخـش و احیاکننـده، پاسـخ‌گوی مـنِ جدیدتـان خواهـد بـود. مـن هـم به‌عنـوان کـوچ رشـد و توسـعهٔ فـردی در تلاشـم بتوانـم بـا به‌کارگیـری هنـر و خلاقیـت بـرای رسـیدن بـه رضایتمنـدی و خودشـکوفایی، مسئولیت و وظیفهٔ انسـانی‌ام را بـه بهتـرین شـکل اجـرا کنم.

کوچینگ و مبانی سواد شهودی

دربارهٔ نویسنده

ندا رضایی آذر پس از مهاجرت به کانادا همچنان مشغول نقاشی و کارهای هنری بوده و با سازمان زنان ایرانی اُنتاریو همکاری داشته است و این‌گونه، مجدداً خود را در مسیر آموزش و یادگیری قرار داده است. او در مورد اعضای این سازمان، معتقد است: «درواقع آنان معلمان من بودند و من از دوستانی بزرگ‌تر و باتجربه‌تر بسیار آموختم، ارتباط با تک‌تکشان برای من سازنده بوده است.» کارهای داوطلبانه به خودشناسی او کمک فراوانی کرده و همچنان او را در مسیر رشد و توسعهٔ فردی نگه داشته است. ارتباط بیشتر، یادگیری و آموزش و به‌کارگیری آموزه‌ها در زندگی همچنان دغدغهٔ این سال‌های او بوده است.

کوچینگ و مبانی سواد شهودی

ندا به‌عنوان کوچ حرفه‌ای، درصدد بوده است تا با به اشتراک گذاشتن دانش و تجربیات هنری‌اش به دیگران برای فائق آمدن به پریشانی‌های فکری و ذهنی‌شان کمک کند و همدلانه آن‌ها را یاری دهد تا با به‌کارگیری خلاقیت، به رشد و توسعهٔ خود در عرصهٔ زندگی بپردازند. او با فراگیری مهارت کوچینگ، کوچینگ کسب‌وکار و برندسازی در آکادمی ستارهٔ شمال، با مدرک معتبر و مورد تأیید فدراسیون بین‌المللی کوچینگ[1] در تلاش است تا در یک مسیر هنری نوآورانه و متنوع، با رویکردی تحول‌برانگیز و مثبت‌اندیشانه در حل مسائل زندگی به دیگران یاری رساند و مشوق رسیدنشان به شکوفایی باشد. او همچنین عضو رسمی فدراسیون بین‌المللی کوچینگ است و معتقد است «انسانی در صلح، معرف جهانی در صلح است».

ندا سال‌هاست که در زمینهٔ هنر تدریس می‌کند و کارشناس ارشد گرافیک است. او مدرس و عضو هیئت علمی دانشگاه و نیز سردبیر مجلهٔ علمی-پژوهشی **نقش‌مایه** بوده است. او همچنین مدیر گروه گرافیک و عضو انجمن صنفی طراحان گرافیک ایران بوده و برندهٔ جوایز و افتخاراتی در زمینهٔ نقاشی شده و به‌عنوان پژوهشگر برتر نیز معرفی شده است. او مؤلف دو کتاب و پنج مقالهٔ علمی-پژوهشی در زمینهٔ هنر است. حضور در شانزده نمایشگاه انفرادی و گروهی نقاشی، گرافیک، و عکاسی از دیگر سوابق اوست. او مشتاق است شما را هم‌سفر خود کند تا به دنیای خلاقانهٔ خودتان قدم بگذارید و زندگی پربار و خوشایندی را تجربه کنید.

---

1 International Coaching Federation

راه‌های ارتباط با نویسنده:

www.nedyazar.com
nedyazar@gmail.com
@hammdellaneh
Neda Rezaeiazar
NEDA REZAEIAZAR

کوچینگ؛
جشن گرفتن زندگی
آن گونه که هست!

الهام روحانی

کوچینگ؛ جشن گرفتن زندگی آن‌گونه که هست!

الهام روحانی
کوچ و مدرس توسعه فردی و سازمانی

اثر مرکب ندانستن‌ها

باران شدیدی می‌بارید. با عجله و شتاب‌زده به سمت خانه می‌دویدم. فرزندانم در خانه بودند و باید برگه‌های امتحان ترمودینامیک دانشجوها را تصحیح می‌کردم. سرعت خود را بالاتر بردم. گویی حس متلاشی شدن درونی را تجربه می‌کردم. خسته بودم؛ اما حتی حق خسته شدن را هم نداشتم. از این همه کلافگی و آشفتگی می‌ترسیدم. فقط می‌خواستم سریع‌تر به خانه برسم. واقعاً چه می‌خواستم؟ چقدر سر و صدا در مغزم بود. انگار در پس ذهنم، احساسی نهفته بود که قادر به بیانش نبودم.

اتومبیلی با سرعت از کنارم رد شد. سر تا پایم گلی شد. ایستادم، موقعیت مضحکی بود. خیس و تنها و گل‌آلود در خیابان ایستاده بودم. خنکای قطرات باران را روی پوست صورتم حس می‌کردم. صورتم خیس اشک بود؛ شاید هم خیس از قطره‌های باران. مه غلیظی اطرافم را گرفته بود. احساس می‌کردم گم شده‌ام و نمی‌دانم به کدام سمت باید حرکت کنم. درست مانند فضای درون ذهنم!

دقیقه‌ای ترمز دستی را بکش و از ماشین ابهام پیاده شو!

به‌شدت سردم بود و موبایلم هم خاموش شده بود. واقعاً سرما و مه

دیدگاه‌هایی درباره کوچینگ

توان راه رفتن را از من گرفته بود. دور زدم و از مسیر مخالف راه خانه، شروع به حرکت کردم تا در نزدیک‌ترین کافه‌ای که می‌شناختم خود را گرم کنم. دیرم شده بود؛ اما خیلی دوست داشتم تنها باشم. با خودم گفتم نوشیدنی گرم می‌گیرم و سریع برمی‌گردم تا به کارهایم برسم. داخل شدم و پشت تنها میز خالی کافه نشستم. کافه شلوغ و پرسروصدا بود. ذهنم با صدای زمزمۀ دو جوانی که سر میز کناری نشسته بودند، همراه شد. چقدر آرام و عاشقانه زمزمه می‌کردند! همان موقع خانمی حدود پنجاه‌ساله با موهای جوگندمی و بارانی زرشکی وارد کافه شد. سری چرخاند. همۀ میزها پر بود. طبق عادت همیشگی به او لبخند زدم.

- «می‌شه سر میز شما بشینم؟»

نگاهش کردم. «بله». نشست و هر دو قهوه سفارش دادیم. با خودم گفتم سریع قهوه را می‌خورم و به خانه می‌روم. غرق در افکارم بودم وهم‌زمان نگران دیر رسیدن. مثل همیشه عجله‌ای که نمی‌خواستم باشد، بود!

با کمی تردید پرسیدم: «می‌شه با تلفن شما تماس بگیرم؟ شارژ موبایلم تموم شده و نگران بچه‌ها هستم.» انتظار نداشتم پاسخش مثبت باشد!

لبخندی زد و گفت: «حتماً»

با همسرم تماس گرفتم. به خانه رسیده بود. نفس راحتی کشیدم؛ پیش بچه‌ها بود. از وقتی مادر شده بودم، همیشه دوست داشتم شادی و آرامش را به بچه‌هایم هدیه دهم. دوست داشتم در محیط

خانه و کارم پویا و فعال، و درعین‌حال مهربان و عاشق باشم. اما حالا خسته و ترسیده بودم و حتی جرئت بروز خستگی و ترسم را نداشتم. نمی‌دانستم به‌خاطر بچه‌ها یا خودم بود که این‌قدر ناتوان شده بودم. بدون اینکه بخواهم، در دنیایی غرق شده بودم که مال من نبود اما مسئولیت آن با من بود. دائم در حال سرزنش کردن خودم بودم. ملال عجیبی در قلبم حس می‌کردم. داشتم ناخودآگاه گریه می‌کردم.

پرسید: «خوبی؟»

نگاهش کردم و گفتم: «نمی‌دونم»

گفت: «می‌شه ازت یه سؤال بپرسم؟»

با بی‌حوصلگی جواب دادم: «باشه»

«به نظرت چی باعث شده امروز اینجا باشی؟»

گفتم: «این چه سؤالیه؟ معلومه، به‌خاطر سرمای هوا»

«فرض کن هوا عالی بود... حالا فکر کن؛ واقعاً چرا امروز اینجا اومدی؟»

مکث کرد. نگاهش کردم. ادامه داد: «لازم نیست الآن جواب بدی. فقط بهش فکر کن و به خودت فرصت و فضا بده. ببین چطور و با چه لحنی به خودت جواب خواهی داد.»

به چشمانش خیره شدم و گفتم: «ببین! اصلاً حوصلۀ حرفای انگیزشی رو ندارم.»

لبخندی زد و گفت: «کاملاً حق داری!»

دیدگاه‌هایی درباره کوچینگ

قهوه‌مان را نوشیدیم و دیگر حرفی نزد. اما نمی‌دانم چرا حس کردم دوست دارم با او صحبت کنم. پرسیدم: «چطور به خودم فضا بدم؟»

«از خودت سؤال بپرس و به خودت زمان بده تا حسابی در ذهنت شفاف بشه. عجله‌ای در جواب دادن نداشته باش. حضور داشتن در حال رو تجربه کن.»

گفتم: «می‌شه بیشتر برام توضیح بدی؟»

«ببین! بزرگ‌ترین مسئلهٔ ما آدم‌ها در زندگی اینه که فضا برای ما مبهم و ناشناخته‌ست و این ندونستن‌ها، دومینووار تعادل رو از ما و از زندگی‌مون می‌گیره. از خودت با مهربانی و احترام سؤال بپرس.»

خیلی عمیق و مهربان نگاهم می‌کرد؛ انگار سراپا گوش بود.

«بدون غر زدن و در اوج همدلی با خودت به این سؤال‌ها فکر کن و ببین چی هستی و چی می‌خوای؟ اگر تمام مسائل زندگی رو می‌تونستی همین الآن حل کنی، زندگی برات چه شکلی بود؟ از خودت سؤال‌های خوب بپرس؛ جواب‌های خوب به سمت تو می‌آن.»

چه ادبیات جالبی داشت! چرا این سؤالات را می‌پرسید؟ دوست داشتم پاسخ آن‌ها را پیدا کنم! یک جور تکاپو در مغزم احساس کردم که مرا به سکوت عمیقی فروبرد. باران قطع شد. لبخندی زد و گفت که باید برود. گفتم: «چه تجربهٔ خوبی بود. سؤالاتم رو می‌نویسم. شاید جوابی پیدا شد!»

خداحافظی کردیم. بعد از این ملاقات این سؤال‌ها برای من تکرار شد که چرا اینجا هستم؟ چقدر با خودم یکدل و مهربان هستم؟ دوست دارم زندگی برای من به چه شکلی باشد؟ اصلاً چه چیزی

واقعاً برای من مهم است؟

گاهی بهتر است که با دید متفاوتی نگاه کنیم!

وقتی از کافه بیرون آمدم، ذهنم کاملاً مشغول این سؤالات بود، اما در قلبم آرامشی را احساس می‌کردم. بدون اینکه بدانم، این سؤالات همان قطعهٔ گم‌شده در پازل زندگی من بود. تمام این ندانستن‌ها و عدم قطعیت‌هایی که با من همراه بودند و به آن‌ها عادت کرده بودم، رضایتم از زندگی را کم و کمتر می‌کرد و ملال و دلزدگی مرا بیشتر.

از همان لحظه، آرام‌آرام شروع به فکر کردن کردم. اما ماهیت آدمی به تکرار عادت دارد و امان از روزی که بخواهی تکهٔ درست پازل سر جای خود قرار بگیرد! انگار می‌خواستم چیزی درونم آرام گیرد. سفر من در این فضای مه‌آلود شروع شده بود. در جست‌وجوی یافتن سؤالات خوب بودم!

چطور با تمام وجود و با یک‌دلی و احترام به خودم گوش دهم؟ ارتباط همدلانه با خودم چه رنگ و شکلی دارد؟ چرا اینجا هستم؟ اصلاً چه چیزهایی واقعاً در زندگی برای من ارزشمند و مهم است؟

سعی کردم به یادگیری و تجربهٔ موضوعات جدید بپردازم. با اینکه سال‌ها در مسیر رشد شخصی و بعد در زمینهٔ فرزندپروری و ارتباط با نوجوانان مطالعه کرده و دوره رفته بودم، خیلی وقت‌ها این اطلاعات را در عمل به کار نبرده بودم. تمام این اطلاعات برای من مثل مانعی برای حرکت شده بودند. من فقط مجموعه‌ای از راهکارها را با خودم حمل می‌کردم و چه کوله‌بار سنگین و خسته‌کننده‌ای!

حالا به دنبال تجربه‌های دیگری بودم و باید بگویم که به‌طور

دیدگاه‌هایی درباره کوچینگ

اتفاقی با کوچینگ[1] آشنا شدم که با کمک آن در طی فرایند مشارکتی با کوچ وبه کمک سؤالات قدرتمند، می‌توانستم پاسخ‌ها را از درون خودم پیدا کنم و این برایم نقش تابلوی راهنما را داشت. شاید این همان ابزاری بود که برای تعمیر و تعادل ماشین زندگی خودم نیاز داشتم.

دوره دیدن، آموزش و مطالعه و تمرین کوچینگ را در کنار فرزند شش‌ماهه‌ام و دو فرزند بزرگ‌ترم شروع کردم. مسیر مولد و پرچالش آموزش و تمرین باعث شد تا در دنیای ندانستن‌ها غرق شوم. چقدر جنس این تجربه با سایر مسیرهایی که تاکنون طی کرده بودم متفاوت بود. پرسشگری همدلانه را آموختم و در فضای پر از ابهام ذهنم، به جست‌وجوی احساس گم‌شدهٔ خود رفتم.

زندگی مثل یک بازی بی‌نهایت است که در آن مقصد کاملاً مبهم است. این ابهام باعث غم و نگرانی در ما می‌شود. اما وقتی در حال انجام فعالیت دلخواهت هستی، دیگر نباید نگران رسیدن باشی!

در این راه به معجزهٔ منحصربه‌فردی در کوچینگ پی بردم: مکث و سکوت! سکوتی که حضور و رهایی را برای من به ارمغان آورد و من را با خود آشتی داد. اگر قرار است به‌عنوان یک کوچ گوش شنوای دیگران باشم و به آن‌ها فضای شنیدن خودشان را بدهم، اول باید فضای کافی به خودم بدهم، برای شنیدن خودم. چالش‌های مختلف و رنگارنگ مادرانگی باعث شده بود لذت تجربه کردن لحظات زندگی را فراموش کنم، اما در همین فضای شنیدن خودم، دریافتم که به‌عنوان بخشی از نظام طبیعت، تا زمانی که نسبت

---

1 Coaching

به تغییرات پذیرا نباشم نمی‌توانم احساس مالکیت درونی و رضایت را تجربه کنم و اقدام درست را انتخاب کنم تا از فضای سردرگمی خارج شوم. گاهی ناامیدی و ناراحتی انرژی تغییر هستند!

درهای قلبت را به دنیایی باز کن که در آن زندگی می‌کنی

شاید دلیل عدم یک‌دلی، نامهربانی و بی‌احترامی ما نسبت به خودمان این باشد که می‌ترسیم به خود نزدیک شویم و این انتقام از خود، ما را در منطقه‌ای امن نگاه می‌دارد که مانع حرکت ماست. به‌عنوان یک زن و یک مادر در دریای عدم قطعیت‌ها و ملال در مواجهه با تغییرات عمیق زندگی غرق شده بودم و در جست‌وجوی نیروی بیرونی برای نجات بودم. درحالی‌که نیاز به انگیزهٔ درونی داشتم، اما چگونه؟

به خودم مکث کردن و توجه به نفس را هدیه دادم و آنچه را که هست، اکنون و اینجا مشاهده کردم.

زمانی که موضوع از مغزم خارج شد و به زبانم آمد، تازه آن را دیدم!

به خودم گفتم که تمام خستگی‌ها، شادی‌ها و غم‌ها، نادیده گرفته شدن‌ها و مسئولیت‌هایت را ببین! قدم‌هایی که برداشتی و برنداشتی، کارهایی که انجام دادی و ندادی، شکست‌ها و رسیدن‌ها، نگرانی‌های مادرانه، غم و رنج و بیماری فرزندان، داشته‌ها و نداشته‌ها، خوشحالی‌ها و چالش‌هایی که با آن‌ها داشتی، خشم و غمی که تجربه کردی، شادی و خنده‌ای که داری، یا می‌خواهی داشته باشی، روابطی که ساختی و از دست دادی، ترس‌ها و امیدهایت را ببین، صدای منتقد درونت را گوش کن، ساده و صمیمی و با

دیدگاه‌هایی درباره کوچینگ

مهربانی با خودت گفت‌وگو کن، عجله‌ای در پاسخ‌گویی نداشته باش و بگذار جواب‌ها از درونت به‌آرامی بالا بیایند! از مغزت بیرون بیا و به قلبت سفر کن و اگر می‌خواهی باز هم به این فهرست اضافه کن. حالا شروع به سؤال پرسیدن از خودم کردم: بزرگ‌ترین تغییری که دوست داری در زندگی‌ات داشته باشی چیست؟ چرا آن را می‌خواهی؟ اگر تمام اتفاقات و مشکلات را حل می‌کردی و تغییری که می‌خواستی اتفاق می‌افتاد، زندگی برایت چه رنگ و شکلی داشت؟ برای اطرافیانت چطور؟

زندگی آگاهانه با پرسیدن سؤال ممکن می‌شود. اما آیا اثر انگشت ما انسان‌ها یکسان است؟ قطعاً پاسخ منفی است. هر یک از ما وجودی یگانه، منحصربه‌فرد و عزیز هستیم که به این سؤالات پاسخ‌های یکسان نخواهیم داد!

حرکت در مسیر یافتن پاسخ منحصربه‌فرد سؤالاتم، شروع بالا رفتن از کوه بدون قلهٔ رشد بود؛ قله‌ای که هرچه در مسیر آن بالاتر بروی، آن هم بالاتر می‌رود!

تصور کنید جای گنجی را روی نقشه پیدا کنید، می‌توانید از آن چشم‌پوشی کنید؟ این گنج باارزش وجود ماست که هرچه بیشتر از آن برداشت کنیم، بیشتر به ما افزوده می‌شود. برخلاف دارایی‌های مادی که با برداشت کاهش می‌یابند، این گنج نامتناهی است. حالا که این گنج را پیدا کرده‌ای، می‌توانی به بقیه هم کمک کنی که به ارزش وجودی خودشان آگاه‌تر شوند و ارزش و بهای آن را بدانند.

همهٔ این مسیر، استفاده از صلاحیت‌های کوچینگ برای بیداری از خواب یکی دانستن خودم با ذهنم است. در این سبک زندگی تمام

کوچینگ؛ جشن گرفتن زندگی آن‌گونه که هست!

ابزارهای لازم برای رسیدن به تعادل در ابعاد مختلف زندگی و مزه کردن زیستن در اوج احترام و همدلی با خود مهیاست.

زندگی را آن‌گونه که هست جشن بگیر

ما انسان‌ها در فضای ارتباط با خودمان و دیگران در حرکت هستیم. در رفت و برگشت. تا زمانی که در مواجهه با خود با همدلی و احترام رفتار نکنیم، نمی‌توانیم در ارتباط با دیگران و عزیزانمان با شفقت و مهربانی رفتار کنیم. شاید در مواجهه با بقیه به نظر خوب بیاییم، اما تا زمانی که در مواجهه با خودمان این حس وجود نداشته باشد، دچار سرخوردگی و حال بد می‌شویم.

مکث کردن و دادن فضای امن به خود برای پاسخ‌گویی به سؤالاتی دربارهٔ چرایی انتخاب مسیر با توجه به بستر زندگی هر کدام از ما، باعث می‌شود تا حضور را تجربه کنیم. این همان خودشکوفایی است و بهبود کیفیت زندگی، ارتباط و گفت‌وگوی محترمانه با خود، در واقع جشن گرفتن لحظات زندگی است.

بکوشیم با آینهٔ خودمان و با پرسشگری بدون قضاوت به خود نگاه کنیم، آگاهانه با توجه به اینجا و اکنونِ زندگی گام برداریم و درنهایت خودمان انتخاب کنیم. اقدامی که حتی اگر با مرگ هم‌زمان شود، همچنان برای ما درست به نظر بیاید. درست آن‌گونه که شمس تبریزی اشاره می‌کند[1]:

«این آیینه روشن است که شرح حال خود در او بیابی. هر حالی و هر کاری که در آن حال مرگ را دوست بداری، آن کار نکوست؛ پس

۱ کتاب مقالات شمس تبریزی، به تصحیح احمد خوشنویس، نشر مؤسسهٔ مطبوعاتی عطایی، ۱۳۴۹، صفحهٔ ۲۹

میـان هـر دو کاری کـه متـردد باشـی در ایـن آیینـه نگـر کـه از آن دو کار، بـه مـرگ کـدام لایق‌تـر اسـت؟»

در ایـن نـگاه، آرامـش را بـه خـودت هدیـه می‌کنـی و ماننـد گل خوشـبویی می‌شـوی کـه بقیـهٔ انسـان‌ها عطـر وجـودت را نفـس می‌کشـند و سـرور و جشـن را بـه آن‌هـا هـم هدیـه می‌دهـی.

«نگریسـتن بـه زندگـی بـا آینـهٔ خـودم و نـه از آینـهٔ دیگـران!»؛ ایـن بینـش ثمـرهٔ آشـنایی مـن بـا حرفـهٔ کوچینـگ بـود و امـروز بسـیار خوشـحالم کـه مراجعینـم را بـا ایـن نـگاه در فراینـد کوچینـگ همراهـی می‌کنـم و بـرای پذیـرش و دیـدن ابعـاد مختلـف وجودشـان و مـزه کـردن حـس رضایـت و آرامـش در کنـار آن‌هـا هسـتم؛ تـا زندگـی را جشـن بگیرنـد، درسـت آن‌گونـه کـه هسـت.

کوچینگ؛ جشن گرفتن زندگی آن‌گونه که هست!

دربارۀ نویسنده

الهام روحانی متولد سال ۱۳۶۰ در شهر اصفهان است. الهام کوچ حرفه‌ای بین‌المللی مورد تأیید فدراسیون بین‌المللی کوچینگ[1] و مدرس رشد و توسعۀ فردی است. او کارشناس ارشد مهندسی شیمی، گرایش نانوتکنولوژی و فارغ‌التحصیل رتبۀ اول دانشگاه صنعتی امیرکبیر تهران است و سابقۀ تدریس در دانشگاه را دارد. او پس از گذراندن دوره‌های تخصصی بین‌المللی کوچینگ و مدرس شکوفایی، به‌عنوان کوچ حرفه‌ای مشغول فعالیت است.

الهام عاشق انسان، زندگی و یادگیری است و سال‌ها در مسیر رشد فردی، خودشناسی و فرزندپروری مشغول مطالعه، تحقیق و گذراندن

---

1 International Coach Federation (ICF)

دیدگاه‌هایی درباره کوچینگ

دوره‌های مختلف بوده و هست. از نظر او سفر زندگی مسیری پر از فرازونشیب‌های مختلف است و این ما هستیم که با آگاهی از این لحظه و نوع بودن خودمان، انتخاب می‌کنیم که چطور با انعطاف‌پذیری روانی در این مسیر حرکت کنیم. از دیدگاه او کسب تجربه‌های مختلف در زندگی به ما کمک می‌کند تا راه شکوفایی خود را کشف کنیم.

الهام مادر سه فرزند است. او به‌عنوان یک زن و مادر، تغییرات و دغدغه‌های عمیقی را در مسیر زندگی شخصی و کاری خود تجربه کرده است. او اعتقاد دارد که قرارگیری همهٔ این نقاط در کنار یکدیگر فضای زندگی و مادرانگی او را به سمت تجربهٔ سبک زندگی عمیق و متفاوتی به نام سبک زندگی کوچینگ تغییر داده است و این مسیری است که می‌خواهد با سایر انسان‌ها طی کند. حالا الهام با تکیه بر دانش و تجربهٔ خود به‌عنوان لایف‌کوچ، به مراجعین خود و به‌خصوص والدین و نوجوانان کمک می‌کند تا با موانع و ترس‌های خود در بستر زندگی روبه‌رو شوند و برای رشد پتانسیل‌های خود اقدام و تجربه‌های جدید خلق کنند: «تجربهٔ زیستن زندگی آن‌گونه که هست».

به‌علاوه، الهام با برگزاری دوره‌های مختلف آموزشی برای افراد و سازمان‌ها به آن‌ها کمک می‌کند تا بهره‌وری و روابط خود را بهتر کنند. او معتقد است داشتن رابطهٔ باکیفیت با فرزندان و سایر افراد جامعه از خلق رابطهٔ باکیفیت و همراه با شفقت با خودمان ساخته می‌شود.

راه‌های ارتباط با نویسنده:

- @elhamrohani_coach
- elhamrohani@gmail.com
- elham-rohani-bbb6aa170

۷۸۶

باربد و معجزهٔ کوچینگ

باربد رییسی

۷۸۶

بارید و معجزهٔ کوچینگ

بارید رییسی

کوچ حرفه ای بین المللی رهبران و مدیران

مدرس و مشاور سرمایه گذاری های کلان

و هرکه بر خدا توکل کند خدا او را کفایت خواهد کرد و از جایی که گمان نَبَرد به او روزی عطا کند، که خدا امرش را نافذ و روان می‌سازد و بر هر چیز قدر و اندازه‌ای مقرّر داشته است (و به هیچ تدبیری سر از تقدیرش نتوان پیچید).[1]

«باریدِ جادوگر! تو فوق‌العاده‌ای! پرندهٔ سعادت! اعجاب‌انگیز! شعبده‌باز! تغییردهندهٔ بزرگ! لایق صفت بهترین کوچ...!» خدا را شکر می‌کنم که از این دسته تعریف‌های لذت‌بخش در هفته چندین‌بار می‌شنوم. اگر شما هم می‌خواهید با کوچینگ زندگی خود را جادو کنید، خط به خط با من همراه شوید. آیا دوست دارید از موانع رد شوید و به زندگی دلخواه خود برسید؟ آیا دوست دارید بین کار و زندگی اعتدال برقرار کنید؟ آیا شما هم دوست دارید به استقلال مالی برسید؟ اگر پاسخ شما مثبت است، پس این فصل اختصاصاً برای شما نوشته شده است.

با مطالعهٔ این فصل به این باور می‌رسید که می‌توانید به آینده‌ای ایده‌آل و فراتر از آن دست یابید، موانع و محدودیت‌های خود را

۱ وَ مَنْ یَتَّقِ اللهَ یَجْعَلْ لَهُ مَخْرَجاً وَ یَرْزُقْهُ مِنْ حَیْثِ لا یَحْتَسِبُ وَ مَنْ یَتَوَکَّلْ عَلَی اللهِ فَهُوَ حَسْبُهُ اِنَّ اللهَ بالِغُ اَمْرِهِ قَدْ جَعَلَ اللهُ لِکُلِّ شَیْءٍ قَدْرا. قرآن کریم، سورهٔ طلاق، آیهٔ ۲ و ۳ (مترجم فارسی: دکتر الهی قمشه‌ای).

شناسایی، مدیریت و برطرف کنید، اوقات بیشتری را با خانوادهٔ خود بگذرانید، با کار کمتر، پول بیشتری به دست بیاورید، و از پیشرفت و موفقیت خود و از لحظه لحظهٔ زندگی لذت ببرید. درنهایت بیاموزید از موانع چطور به راحتی عبور کنید.

از موانع عبور کنید

در اوج محبوبیت و شهرت، در معتبرترین دورهٔ علمی ایران بودم که یک روز با نامه‌ای به دلیلی نامشخص اخراج شدم و دو هفته بعد، بزرگ‌ترین شکست عشقی زندگی‌ام را تجربه کردم؛ درحالی‌که در عنفوان جوانی بودم. شانزده ماه بعد رکورد گینس را زدم و سه ماه بعد از آن نویسندهٔ پرفروش آمازون شدم. اگر جریان زندگی را همچون جریان رودی در نظر بگیریم، متوجه می‌شویم که این پستی‌ها و بلندی‌هاست که باعث جذابیت زندگی می‌شود. درست مثل وقتی که آب روان به سنگ‌های ریز و درشت برخورد می‌کند و صدای بی‌نظیری ایجاد می‌شود. تصور کنید فردی در کشوری درحال‌توسعه به دنبال ساده‌ترین خوراک و جای خواب است، کارمندی با موانعی مثل خرج زندگی و پس‌انداز، سفر و غیره روبه‌رو است یا بیل گیتس[1] به فکر پیشرفت علم و راحت‌تر ساختن زندگی برای انسان‌هاست. از اینجا متوجه دو موضوع می‌شویم:

۱. همهٔ انسان‌ها در زندگی با موانعی روبه‌رو می‌شوند؛
۲. هرچه به دنبال زندگی زیباتر و والاتر باشید، موانع سر راه شما بیشتر می‌شود.

در مسیر زندگی، پیوسته موانعی وجود دارند که مانند دیوارهای

---

1 Bill Gates

بلندی مقابل ما قد علم کرده‌اند. این دیوارها نه برای نگه داشتن ما، بلکه برای آزمایش اراده و تعهد ما نسبت به اهدافمان ساخته شده‌اند. هر مانعی که با آن روبه‌رو می‌شویم، فرصتی برای رشد و تبدیل شدن به نسخه‌ای بهتر از خودمان است.

برای عبور از موانع فرمولی چهارمرحله‌ای طراحی کرده‌ام:

۱. **شناخت موانع**: باید بدانیم با چه چیزی روبه‌رو هستیم، به شناختی حدوداً هفتاددرصدی از موانع برسیم و بدانیم که چه منابعی را در اختیار داریم.
۲. **پذیرش موانع**: گاندی موانع پیشِ روی خود را پذیرفت و توانست هند را نجات دهد. باید موانع را نه در ظاهر، بلکه در باطن بپذیریم. یکی از بهترین راه‌های پذیرش موانع، مراقبه[1] است.
۳. **برنامه‌ریزی**: باید با کمک کوچ[2] و منتور[3]، همچنین با کمک خداوند بزرگ و مهربان، برنامه‌ریزی دقیق و کارآمدی را طراحی کنیم.
۴. **اجرای مداوم برنامه‌ریزی**: باید با توکل بر خداوند بزرگ و مهربان، با استمرار و آگاهی، برنامه را به‌صورت دقیق و مداوم به بهترین شکل ممکن اجرا کنیم تا بتوانیم از موانع با موفقیت عبور کنیم.

هرگز نباید از شکست‌ها بترسیم: شکست‌ها درس‌هایی هستند که ما را برای موفقیت‌های بزرگ‌تر آماده می‌سازند. با هر بار افتادن، باید با قدرت بیشتری برخیزیم و دوباره و دوباره تلاش کنیم. این

1 Meditation
2 Coach
3 Mentor

تکرار و پشتکار است که ما را به سمت موفقیت هدایت می‌کند. خداوند وعده داده است که اگر خداوند یار و یاور شما باشد، کسی بر شما غلبه نخواهد کرد.[1] هیچ مانعی فراتر از قدرت خداوندگار نیست، پس ایمان بیاوریم. ایمان رمز معجزه است. درنهایت بعد از دستیابی به اهداف کوچک، پیشرفتمان را ارزیابی و دوباره برنامه‌ریزی خود را اصلاح می‌کنیم. این روش به پیشرفت شما کمک می‌کند و اعتمادبه‌نفس شما را در طول مسیر افزایش می‌دهد.

معجزهٔ مراقبه

در تمام فعالیت‌های زندگی، همیشه به دنبال ویژگی‌های خاصی می‌گردم که مرا از دیگران متمایز می‌کند. در زمان یادگیری کوچینگ نیز در جست‌وجوی نقطهٔ تمایز، به مراقبه رسیدم. مراقبه را در اصلی‌ترین رسالتم، یعنی کمک به مراجعانم، به کار بردم. ازآنجایی‌که اعتقاد دارم همیشه باید هر چیز را از سرمنشأ اصلی یاد گرفت، یادگیری مراقبه را از کشورهای هند و نپال آغاز کردم و مدرک استادی مراقبه را گرفتم. در جهان پرسرعت و پراسترس امروز، مراقبه پناهگاهی آرامش‌بخش برای بازیابی انرژی است. مراقبه تأثیرات مثبتی بر مغز دارد که باعث افزایش همدلی، ثبات عاطفی و کاهش استرس و اضطراب می‌شود. مطالعات علمی[2] تأیید کرده‌اند که افرادی که به‌طور منظم مراقبه می‌کنند، سطوح پایین‌تری از کورتیزول[3] (هورمون استرس) را دارند که باعث کاهش فشار خون و

۱ سورهٔ مبارکهٔ آل‌عمران، آیهٔ ۱۶۰.

2 Mindfulness meditation reduces cortisol, increases immune function, and reduces stress in individuals with a range of conditions. Psychoneuroendocrinology, 2013.

3 Cortisol

بهبود سیستم ایمنی بدن می‌شود. مراقبه نه‌تنها تمرینی روحانی است، بلکه یک ابزار علمی برای سلامتی و زندگی بهتر است.

مراجعانم اعتقاد دارند که استفاده از مراقبه در جلسات کوچینگ می‌تواند به افزایش درآمد، بهبود زندگی شخصی و ایجاد اعتدال میان کار و زندگی کمک کند. درنهایت، برای بهره‌برداری بهتر از این قسمت از شما می‌خواهم هنگام طلوع و غروب خورشید، حرکات نماز مسلمانان را انجام دهید و در هر حرکت به موردی فوق‌العاده در زندگی خود فکر کنید.

سبک زندگی بزرگان

در این جهان پرهیاهو، گاهی اوقات صبر و نگاه به انسان‌های تأثیرگذار تاریخ الزامی است. اهل بیت (علیهم‌السلام) به‌عنوان اشخاص بزرگی در طول تاریخ جهان و به‌خصوص تاریخ اسلام مورد توجه ویژه هستند. در این بخش می‌خواهم بعضی از ویژگی‌های سبک زندگی آن‌ها را بخوانیم و از آن‌ها الگو بگیریم.

حضرت محمد (صلی‌الله‌علیه‌وآله) بنیان‌گذار و پیامبر اسلام، آخرین پیامبر در سلسلهٔ پیامبران الهی و تحویل‌گیرندهٔ قرآن است. ایشان الگویی برای انسان‌ها در تمام جنبه‌های زندگی است. جنبه‌هایی از سبک زندگی حضرت محمد (ص) عبارت‌اند از:

۱. جنبهٔ اعتقادی: حضرت محمد (ص) بهترین الگویی است که می‌توان در تمام جنبه‌های زندگی از روش، رفتار و گفتارشان پیروی کرد. ایشان در تمام ویژگی‌های انسانی مقتدای خوبی برای مردم است. ایشان قبل از هرکس، خود به آنچه دستور می‌داد عمل می‌کرد.

۲. جنبهٔ اخلاقی: حضرت محمد (ص) در تمام شئون زندگی، اعم از فردی و اجتماعی، راه‌گشای راهیان حق و حقیقت است. وجود ایشان منحصر به زمان خاصی نیست؛ بلکه حقیقتی همیشه زنده و جاودان است که برای هر نسلی مطابق با واقعیات زندگی آن‌ها تبلور می‌یابد.
۳. جنبهٔ اجتماعی: حضرت محمد (ص) اسوه‌ای حسنه و سرمشقی ماندگار است که فراتر از محدودیت‌های زمان و مکان می‌درخشد. به‌طور کلی، سبک زندگی آن حضرت در تمام جنبه‌های زندگی انسانی، الگویی برای مردم است و پیروی از ایشان در دنیا و آخرت باعث سعادتمندی می‌شود.

امام علی (علیه‌السلام) اولین امام شیعیان و شخصیتی بزرگ در تاریخ اسلام و جهان است. ایشان نه‌تنها در زمان پیامبر (ص)، بلکه در تمام صحنه‌های تاریخی اسلام، نقش برجسته‌ای ایفا کرده است. بعضی از ویژگی‌های بارز سبک زندگی امام علی (ع) عبارت‌اند از:

۱. پیروی از اصول اخلاقی و عدالت: امام علی (ع) در عمل به اصول اخلاقی و عدالت، الگویی برای همهٔ مسلمانان است. ایشان در همهٔ تصمیم‌گیری‌ها اصول اخلاقی را رعایت می‌کرد و به برقراری عدالت میان تمامی افراد اهمیت می‌داد.
۲. عشق به علم و دانش: امام علی (ع) یکی از دانشمندان برجستهٔ اسلام و جهان بود. ایشان به ترویج دانش اهمیت می‌داد و در زمینه‌های مختلف علمی نظریه‌پردازی می‌کرد.
۳. تواضع و سادگی: امام علی (ع) با وجود جایگاه بلند خود،

تواضع و سادگی را در زندگی حفظ می‌کرد؛ همیشه با مردم در ارتباط بود و به مشکلات آن‌ها گوش می‌داد.

۴. محبت به فقرا و مستضعفان: امیرالمؤمنین (ع) مسئولیت اجرای عدالت اجتماعی را بر عهده داشت و همیشه به فقرا و مستضعفان کمک می‌کرد. امید دارم خلاصهٔ زندگی آن حضرت شما را به تعمق در معرفت ایشان سوق دهد.

حضرت فاطمهٔ زهرا (سلام‌الله‌علیها)، دختر پیامبر اسلام (ص) و همسر امام علی (َع)، شخصیتی بزرگ و الگویی برای همهٔ جهانیان است. ایشان با ویژگی‌های منحصربه‌فردی شناخته می‌شوند که برخی از آن‌ها عبارت‌اند از:

۱. صداقت و اخلاص: «زهرا» به معنای «روشنی» است. حضرت فاطمهٔ زهرا (س) در تمام زندگی‌اش صداقت و اخلاص پیشه کرد و هیچ‌گاه از راه حق منحرف نشد.
۲. مادری و همسری مثال‌زدنی: ایشان مادری مهربان، معلمی فرزانه و همسر و همراهی وفادار بود. حضرت فاطمهٔ زهرا (س) الگویی برای زنان در نقش‌های مختلف خانوادگی است.
۳. محبت به فقرا و مستضعفان: حضرت فاطمهٔ زهرا (س) به‌عنوان مظهر عشق به فقرا شناخته می‌شود. ایشان به فقرا و نیازمندان کمک می‌کرد و در کمک به آن‌ها بسیار بخشنده بود.
۴. مبارزه با ظلم و فساد: حضرت فاطمهٔ زهرا (س) در دوران خلافت امام علی (ع)، علیه ظلم و فساد مبارزه می‌کرد

و به دلیل اعتقاد به اصول دینی، با شجاعت و اقتدار در برابر فسادها و نقض حقوق مردم می‌ایستاد.

۵. مظهر عفت و پاکی: حضرت فاطمهٔ زهرا (س) نماد عفت، پاکی و اخلاق برتر بود. ایشان در تاریخ اسلام با نام «سرور زنان جهان»[1] شناخته می‌شود.

با این ویژگی‌ها، حضرت فاطمهٔ زهرا (س) یک شخصیت الهی و الگویی برای همهٔ مسلمانان است. چه افتخاری بیشتر از این که از ایشان الهام بگیریم و از اخلاق و ارزش‌هایشان پیروی کنیم.

امام حسن مجتبی (علیه السلام) دومین امام شیعیان است و سبک زندگی ایشان نمونه‌ای از فرهنگ و اخلاق اسلامی است که می‌توانیم از آن الهام بگیریم. برخی از ویژگی‌های سبک زندگی امام حسن مجتبی (ع) عبارت‌اند از:

۱. فرهنگ‌سازی: ایشان تلاش می‌کرد تا فرهنگ اسلامی را در جامعه گسترش دهد و با تدریس و آموزش اصول دینی و اخلاقی و علمی، به تربیت نسل‌ها می‌پرداخت.
۲. ارتباط با خانواده: ایشان با اعضای خانواده، حتی در شرایط سخت، ارتباط مهربانانه برقرار می‌کرد.
۳. پرهیز از اسراف و ولخرجی: ایشان سبک زندگی میانه‌رو را ترجیح می‌داد.
۴. اعتقاد به مبدأ و معاد: ایمان و اعتقاد به مبدأ و معاد و اصول دینی، ایشان را در تصمیم‌گیری‌های زندگی هدایت می‌کرد.

---

۱ سَیّدَه نِساءِالْعالَمین

از این ویژگی‌های باارزش می‌توانیم در زندگی خود الهام بگیریم.

امام حسین (علیه السلام) سومین امام شیعیان است و سبک زندگی ایشان نمونهٔ اعلای شجاعت و بخشندگی است. برخی از ویژگی‌های سبک زندگی ایشان عبارت‌اند از:

۱. دیدگاه ایشان نسبت به خلافت یزید بن معاویه: ایشان در مقابل خلافت ظالمانهٔ یزید بن معاویه ایستادگی کرد و با شجاعت و ایمان به اصول دینی، از حقیقت وعدالت دفاع کرد و این نشان‌دهندهٔ صداقت و راست‌گویی ایشان بود.
۲. شجاعت و ایثار: ایشان در کربلا، در مقابل نیروهای بی‌رحم و بی‌انصاف، با شجاعت و ایمان به خداوند، به دفاع از حقیقت و عدالت پرداخت.
۳. انسانیت و محبت به مردم: ایشان در سفر به کربلا همراه خانواده و یاران، به مردم کمک و محبت می‌کرد و الگویی برای انسانیت و مهربانی بود.
۴. تربیت فرزندان: ایشان در شرایط سخت و پرخطر، فرزندان خود را تربیت کرد. این امام مدبر به آن‌ها اصول دینی و اخلاقی را آموخت.
۵. پایبندی به اصول دینی: ایشان هرگز از حقیقت دور نشد و در هر شرایطی به اصول اخلاقی و دینی پایبند ماند.

ما نیز می‌توانیم از این خصوصیات والا در زندگی خود الهام بگیریم.

درنهایت سه اقدام برای این بخش را پیشنهاد می‌کنم:

۱. زندگی‌نامهٔ چهارده معصوم (ع) را از منابع معتبر ایرانی مطالعه کنید.

۲. در صورت تمایل، سفری معنوی به کشور عراق بروید و از مکان‌های مذهبیِ شهرهای کربلا، نجف، کاظمین و سامرا دیدن فرمایید. همچنین در ایران از شهرهای مقدس مشهد و قم دیدن کنید.
۳. ویژگی‌هایی را که با آن‌ها ارتباط گرفتید، وارد سبک زندگی خود کنید.

به استقلال مالی برسید

امام علی (ع) می‌فرماید: «خداوند در هر نعمتی حقی دارد؛ کسی که حقش را ادا کند، نعمتش را افزون می‌کند و کسی که کوتاهی کند، نعمتش را در خطر زوال قرار می‌دهد.»[۱]

هرکس زیاد کار می‌کند، هرکس سرش شلوغ است و هرکس شغلش را در اولویت قرار می‌دهد، قرار نیست به استقلال مالی برسد. اگر از من بپرسید استقلال مالی چیست، در جواب با مثالی ساده توضیح می‌دهم: «اگر شما در سال ۲۰۰۵ تصمیم بگیرید که دیگر درآمد فعالی نداشته باشید و دو سال بعد از آن با مشکل مالی مواجه شوید و در سال ۲۰۰۸-۲۰۰۹ با کاهش درآمدهای غیرفعال خود، با بحران مالی مواجه شوید و بااین‌حال بتوانید بدون فشار و کمک گرفتن از دیگران حداقل تا سال ۲۰۱۵ به زندگی ادامه دهید، به استقلال مالی رسیده‌اید.»

انسیه تاجری موفق بود. روزی که پیش من آمد با افتخار می‌گفت چندین سال است روزی بین ۱۴ تا ۱۸ ساعت کار کرده است، پنج سال می‌شود که مسافرت خانوادگی نرفته است و سه ماه پیش،

۱ نهج البلاغه، حکمت ۲۴۴.

فرزنـدش یـک هفتـه مریـض می‌شـود، ولـی انسـیه به‌خاطـر شـغلش نتوانسـته اسـت بـه او رسـیدگی کنـد، بـه همیـن خاطـر بـا مشـکلات خانوادگـی مواجـه شـده اسـت و وقتـی قرار شـده بـا خانـواده وقت بیشـتری بگذرانـد، مشـکلات شـغلی بـرای او ایجاد شـده اسـت. در جلسـات انسـیه ده مرحلـه پیاده‌سـازی شـد کـه عبـارت بودنـد از:

وضـوح، خودکفایـی، اتـاق تنفـس، ثبـات، انعطاف‌پذیـری، منابـع درمانـی مختلـف، سـرمایه‌گذاری‌های کوتاه‌مـدت، میان‌مـدت و بلندمـدت، اصـول سـاختن سیسـتم درآمـدی کارآمـد فعـال و غیرفعـال، تقویـت مهارت‌هـای نـرم[1]، برنامه‌ریـزی و اسـتمرار.

بـرای رسـیدن بـه اسـتقلال مالی، پنـج پیش‌شـرط نانوشـته وجـود دارد: ۱- داشـتن قلبـی مهربـان، ۲- شناسـایی موانـع و برطرف‌سـازی آن‌هـا، ۳- بـاور بـه هـدف و مسـیر، ۴- اعتقـاد به خداوند ۵- رشـد فـردی به‌صـورت اصولی[2].

انسـیه بـا سـی جلسـه کوچینـگ و به‌کارگیـری ایـن اصـول، در زندگـی و کارش بـه تعـادل رسـید.[3]

اگـر موافـق هسـتید، بـار دیگـر ایـن بخـش را بخوانیـد؛ خودتـان را در جایـگاه مدیـر قـرار دهیـد و ببینیـد چطـور ایـن مـوارد می‌توانـد باعـث

1 Soft skills

۲ بـرای مطالعـهٔ بیشـتر ایـن پیش‌شـرط‌ها، کتـاب ببخـش و بگیـر آدام گرنـت را مطالعـه بفرماییـد.

۳ نظـر انسـیه در مـورد کار بـا مـن: «در ابتـدا بایـد بگویـم کـه بـا باربـد مسـیر بیسـت‌ساله را یک‌ساله طـی می‌کنیـد. در طـول سـی جلسـه متوجـه شـدم بـا زیـاد کار کـردن و اولویـت قـرار دادن بیزینـس، نمی‌تـوان بـه اسـتقلال مالی رسـید. درنتیجه هنگامـی کـه بتوانیـم در مرحلـهٔ اول، مفاهیمـی را در درون خودمان نهادینـه کنیم و ده پلـه (ده مؤلفـه) را درسـت اجرا کنیم، در مرحلهٔ دوم می‌توانیم در مسـیر اسـتقلال مالی قـرار بگیریـم. مهم‌تریـن دسـتاورد این جلسـات ایـن بود که میـان کسـب‌وکار و زندگـی شـخصی‌ام اعتـدال برقـرار شـد و حـال دلم عالی شـد.»

دیدگاه‌هایی درباره کوچینگ

رشـد شـما شـود. برداشـت‌های خـود را یادداشـت کنیـد. بـه بهتریـن برداشـت، دو جلسـۀ رایـگان کوچینـگ هدیـه می‌دهـم.

ایـن فصـل را تقدیـم می‌کنـم بـه سـاحت مقـدس امـام حسـن (ع) و حضـرت زینـب (س)[1].

بـه علـت محدودیـت تعـداد کلمـات، توضیحـات برخـی از مـوارد حـذف شـده اسـت. بـرای دریافـت متـن کامـل و همین‌طـور راز نام‌گـذاری ایـن فصـل و ویژگی‌هـای عـدد ۷۸۶ بـا مـا در ارتبـاط باشـید.

کوچینگ معجزه نیست، بلکه کوچینگ با بارید معجزه است.

در آخـر یادتـان باشـد کـه خداونـد بـزرگ بسـیار مهربـان اسـت و تک‌تـک انسـان‌ها را دوسـت دارد.

به امید دیدار،

خداوندا، در این کار ما را عافیت ده و آن را کامل‌تر کن.[2]

---

۱ حضـرت زینـب (س)، دختـر امـام علـی (ع) و حضـرت فاطمـه (س)، بـه خاطـر شـجاعت بی‌نظیـر خود در پاسـداری از پیـام عدالـت و اسـتقامت مشـهور هسـتند.

۲ اللهم سلّم و تمّم.

۷۸۶
باربد و معجزهٔ کوچینگ

دربارهٔ نویسنده

باربـد رییسـی، کـوچ بین‌المللی و حرفـه‌ای اسـت کـه بـا دانشـی ژرف و تجربـه‌ای گسـترده، در زمینه‌هـای متعـددی، از کسـب‌وکار تـا سـرمایه‌گذاری، نقشـی کلیـدی ایفـا می‌کنـد. او بـا هنرمنـدی خـاص خـود مدیـران و صاحبـان کسـب‌وکار را در مسـیری قـرار می‌دهـد کـه در آن تعـادل میـان زندگـی شـخصی و حرفـه‌ای بـه یـک واقعیـت ملمـوس تبدیـل می‌شـود نـه رؤیـا. باربـد بـا اسـتفاده از رویکردهـای نوآورانـه و اسـتراتژی‌های خلاقانـه، بـه صاحبـان کسـب‌وکار کمـک می‌کنـد تـا بـا کمتریـن فعالیـت، بیشـترین درآمـد را کسـب کننـد و درعین‌حـال، مهارت‌هـای نـرم را در تیم‌هـای خـود بـه بهتریـن شـکل ممکـن پـرورش دهنــد. او مســیری را روشــن می‌کنــد کــه در آن چالش‌هــا و مســائل

کسب‌وکار به فرصت‌هایی برای رشد و پیشرفت تبدیل می‌شوند. بارید تیم‌ها را به سمت دستیابی به اهدافی فراتر از ایده‌آلشان هدایت می‌کند و همهٔ این‌ها در کوتاه‌ترین زمان ممکن رخ می‌دهد.

در سرزمینی که دانش و تجربه همچون سکه‌هایی گران‌بها هستند، بارید همچون خزانه‌داری است که بیش از ۱۲۰۰ ساعت سابقهٔ کوچینگ در زمینه‌های رهبری، بیزینس، توسعه و گسترش کسب‌وکارها، رشد مالی و... دارد. این سابقهٔ کوچینگ معادل و فراتر از مدرک کوچینگ حرفه‌ای[1] از فدراسیون بین‌المللی کوچینگ[2] است.

وی بیش از ۶۰۰ ساعت سابقهٔ تدریس و بیش از ۳۰۰ ساعت تجربهٔ منتورینگ در زمینه‌هایی همچون سرمایه‌گذاری مالی، کوچینگ و صاحبان کسب‌وکار دارد.

برخی از دلایل تمایز بارید با رقبا:

۱. جوان و درعین‌حال باتجربه است و انرژی و قدرت ریسک بالایی دارد.
۲. کارهای بزرگی در سطح جهانی انجام داده است؛ مانند ثبت رکورد گینس.
۳. چهار مرتبه نویسندهٔ پرفروش آمازون شده است.
۴. از بیش از ۲۳ کشور و ۳ قارهٔ جهان مراجعان و شاگردانی دارد.
۵. دوره‌های مراقبه را در کشورهای نپال و هندوستان گذرانده و برای کمک به مراجعانش از مراقبه بهره می‌برد.

1 Professional Certified Coach (PCC)
2 International Coaching Federation

۶. با بزرگانی همچون برایان تریسی[1] و مایکل بانگی استنیر[2] همکاری داشته که نشان از جایگاه بین‌المللی و حرفه‌ای او دارد.
۷. میانگین سود مالی مراجعانش بین ۸۰۰ تا ۹۰۰ درصد است.
۸. میانگین بازگشت مالی مراجعانش بین ۶۰۰ تا ۷۰۰ درصد است.
۹. آمار رضایت بالای مراجعان را دارد؛ برای نمونه:

رضایت ۹۷٪ مراجعان در سال ۲۰۲۱

رضایت ۹۸٪ مراجعان در سال ۲۰۲۲

رضایت ۱۰۰٪ مراجعان در سال ۲۰۲۳

رضایت ۱۰۰٪ مراجعان در شش ماه اول سال ۲۰۲۴

رضایت بالای مراجعان از او، بر اثربخشی و تأثیر عمیق او در زندگی مراجعان گواهی می‌دهد.

سابقهٔ بارید نشان می‌دهد که در هر جایی بهترین است:

- جوان‌ترین کارگردان تئاتر ایران
- جوان‌ترین مدرس المپیاد ادبی ایران
- کسب بالاترین معدل در مقاطع تحصیلی
- جوان‌ترین کوچ حرفه‌ای با این سابقهٔ حیرت‌انگیز در جهان

بارید اعتقاد دارد که همهٔ افتخاراتش از فضل خداوند، برکت و مدد اهل بیت (ع) است.

اگر می‌خواهید در کمترین زمان به فراتر از ایده‌آل ذهنی‌تان دست پیدا کنید با بارید در ارتباط باشید.

---

1 Brian Tracy
2 Michael Bungay Stanier

دیدگاه‌هایی درباره کوچینگ

راه‌های ارتباط با نویسنده:

📷 Barbad_raeisi
✈ +98 933 358 5389
📞 +98 933 358 5389
📞 +98 935 356 5389
✉ barbad.raeisi121@gmail.com

احساس ارزشمندی

فرناز فخرالدینی

احساس ارزشمندی
فرناز فخرالدینی
مدرس و کوچ کشف خود و ارتباط مؤثر

من کجای زندگی‌ام هستم؟

یک روز صبح که داشتم برنامه‌های روزم را چک می‌کردم و خودم را برای جلسات آماده می‌کردم، چشمم به نامی زیبا خورد؛ نام اولین مراجع آن روز که اولین جلسه‌اش هم بود: دلژین. آن‌قدر این اسم به دلم نشست که مشتاق شدم تا معنای آن را بدانم. دختری با قد بلند و موهای روشن وارد اتاق شد. با صدایی بلند و رسا و محکم سلامی کرد و روی صندلی روبه‌روی من نشست. اولین سؤالی که از او پرسیدم معنای اسمش بود. چقدر زیبا: «زندگی دوست‌داشتنی». از او خواستم تا از خودش بگوید.

صحبت خود را این‌طور آغاز کرد: «دلژین، بیست و نه ساله و مهندس صنایع هستم. در شرکتی خصوصی در زمینهٔ طراحی سیستم و استانداردهای بین‌المللی کار می‌کنم. محیط کار و همکاران خوبی دارم و درآمدم هم مکفی و قابل توجه است. از نظر بیرونی همه چیز عالی است، اما حالم خوب نیست و برای رفتن سر کار هیچ انگیزه‌ای ندارم. برای من کار کردن به روزمرگی تبدیل شده است.» از او دلیل انتخاب رشتهٔ مهندسی صنایع در دانشگاه را پرسیدم. جوابش خیلی تأمل‌برانگیز بود: «انتخاب من نبود!»

از او خواستم بیشتر توضیح بدهد. گفت: «من یا باید رشتهٔ ریاضی-فیزیک را انتخاب می‌کردم یا رشتهٔ علوم تجربی، اجازهٔ انتخاب دیگری

دیدگاه‌هایی درباره کوچینگ

از طرف خانواده‌ام را نداشتم و چون به زیست‌شناسی و زمین‌شناسی علاقه‌ای نداشتم، رشتهٔ ریاضی را انتخاب کردم. درسم خوب بود و سال آخر دبیرستان با حمایت‌های خانواده، انواع و اقسام کلاس‌ها و معلم‌ها را داشتم تا رشتهٔ خوبی در دانشگاهی خوب قبول شدم. تنها ذهنیتی که از رشتهٔ تحصیلی و درس و دانشگاه داشتم همان بود که خانواده‌ام برای من گفته بودند و توضیح داده بودند. پس من هم فکر می‌کردم باید همین باشد. بعد از اعلام رتبه‌ها، با کمک معلم‌ها و حضور خانواده، برای من انتخاب رشته کردند و بالاخره در رشتهٔ مهندسی صنایع در دانشگاهی خوب قبول شدم.»

علاقه و نظر خودش را پرسیدم. با تعجب به من نگاه کرد و با تأسف گفت: «هیچ‌چی!» جلوتر که رفتیم، پرسیدم که چه چیزی حالت را خوب می‌کند؟ چه روزهایی یا چه ساعاتی احساس بهتری داری؟ وقتی این سؤال را شنید چشمانش برقی زد. چهره‌اش گشوده شد و دستانش که تا آن موقع گره خورده و روی پایش بود، باز شد و پاسخ داد: «روزهای پنج‌شنبه تعطیل هستم و به‌جای آن به کلاس نقاشی می‌روم. بوی رنگ که به من می‌خورد، جان می‌گیرم. وقتی بوم را می‌بینم و قلم و پالت را دست می‌گیرم، احساس ارزشمند بودن دارم و تمام مدتی که نقاشی می‌کنم، متوجه گذر زمان نمی‌شوم. دو روز پنج‌شنبه و جمعه نقاشی می‌کنم، طرح می‌کشم و رنگ می‌کنم. این دو روز را خیلی دوست دارم. اصلاً راستش را بگویم، هفته را به عشق آخر هفته شروع و سپری می‌کنم.»

چگونه ارزش‌هایم را بشناسم؟

از او پرسیدم که در صحبت‌هایت از احساس ارزشمند بودن گفتی

احساس ارزشمندی

و دیدم که با چه شعف و وجدی این کلمات را به زبان آوردی؛ می‌شود بیشتر از این حس بگویی؟ تعریف تو از این کلمه چیست؟ این‌طور جواب داد: «به نظرم احساس ارزشمندی یعنی برای خودم ارزش قائل باشم و خودم را ببینم. درواقع منظور از خودم، نیازهای روحی و روانی و خواسته‌های درونی است که به من انرژی می‌دهد و حالم را خوب می‌کند.» از او پرسیدم که به نظرت این حس ارزشمندی از کجا می‌آید؟ گفت: «به نظرم، همان‌طور که از اسمش پیداست، از ارزش می‌آید.» آن وقت از او خواستم که برای من از ارزش بگوید. جواب داد: «ارزشمند در لغت یعنی پربها و گران‌قدر، ولی خوب، ارزش در زندگی چیزهایی است که برای من مهم است و دوست دارم آن‌ها را دنبال کنم و مسیر زندگی‌ام را به کمک آن‌ها طی کنم.» گفتم: «چقدر عالی و خوب توضیح دادی؛ کاملاً مشخص است که اهل مطالعه هستی. خیلی خوب با مفاهیم آشنایی.» لبخند رضایتی روی لبانش نقش بست و گفت: «خوب، منظور شما از پرسیدن این سؤال‌ها چی بود؟» گفتم: «خودت چی فکر می‌کنی؟» نگاه معناداری کرد و بعد از چند دقیقه سکوت، که معلوم بود ذهنش را زیر و رو می‌کند و دنبال چیزی می‌گردد، با چشمانی پرسشگر گفت: «یعنی ارزش زندگی‌ام را گم کرده‌ام یا شاید اصلاً پیدا نکرده‌ام!»

از او خواستم با توجه به تعاریفی که از ارزش‌ها دارد، پنج تا از ارزش‌های مهم بر اساس نظر خودش را بنویسد. زمان زیادی طول کشید تا توانست ارزش‌هایش را بنویسد و اولویت‌بندی کند. به اینجا که رسید، کار برایش خیلی جذاب شد؛ مرتب آن‌ها را جابه‌جا می‌کرد. یافتن ارزش‌ها و اولویت‌بندی آن‌ها یک جلسه زمان برد.

دیدگاه‌هایی درباره کوچینگ

این جلسه‌ای بسیار مهیج برای دلژین و آموزنده و پربار برای من بود. مهیج برای دلژین، به این جهت که به کاوش در درون خودش پرداخت، با خودش بحث کرد، از خودش سؤال پرسید و به قول خودش داشت دلژین را پیدا می‌کرد. آموزنده و پربار برای من، از این نظر که واقعاً یافتن ارزش‌های زندگی چقدر می‌تواند ارزشمند و جذاب باشد. برای خودم هم یادداشت کردم که مجدداً مروری بر ارزش‌ها و اولویت‌بندی آن‌ها داشته باشم. پایان جلسه آن‌قدر هیجان‌زده و پرانرژی بود که می‌خواست باز هم ادامه دهیم، اما از او خواستم تا هفتۀ آینده روی لیست خودش بیشتر و عمیق‌تر فکر کند.

جلسۀ بعد به‌جای برگ کاغذ، دسته‌ای کاغذ به همراه آورد و با اشتیاقی وصف‌ناپذیر جلسه را شروع کرد. کاغذها را روی میز گذاشت. روی صفحات شماره گذاشته بود. با ذوق برای من تعریف کرد که در ابتدا کار سختی بوده که مجدداً ارزش‌ها را بررسی و بازنگری کند، اما بعد متوجه شده است که ساعت‌هاست دارد خط می‌زند و دوباره می‌نویسد و علت این حجم از یادداشت و کاغذ هم همین بود. درنهایت مهم‌ترین ارزش‌های زندگی‌اش را پیدا کرده و آن‌ها را نوشته بود. پنج اولویت بودند و مهم‌ترین نکته‌ای که به آن اشاره کرد، این بود که مهندسی صنایع و تحلیل سیستم‌ها در هیچ‌کدام از برگه‌ها و نوشته‌ها جایی ندارد. تازه فهمیده بود که چرا سر کار حال خوبی ندارد، چرا علی‌رغم درآمد بالا، همکاران خوب، محیط کار مناسب و شرایط عالی، راضی نیست. در نگاهش هم غم بود و هم شادی. وقتی گفت: «آهان، حالا دلیلش را فهمیدم»، صدایش با

بغض گـره خـورده بـود. بـه قـول خـودش، اول خیلـی ناراحـت شـده بـود، امـا کمـی کـه گذشـته بـود، بسـیار خوشـحال شـده بـود کـه الآن متوجـه شـده و هنـوز خیلـی وقـت دارد کـه بـا ارزش‌هایـش زندگـی کنـد و زمـان زیـادی را از دسـت نـداده اسـت. بسـیار خرسـند بـود کـه می‌توانـد بـا انگیـزه، مجـدداً شـروع کنـد؛ امـا ایـن بـار آگاهانـه!

دوست دارم ارزش‌هایم را کشف کنم

جلسـۀ مـن و دلژیـن تمـام شـد. امـا وقتـی کـه فکـر می‌کنـم، انـگار دلژیـن خـودم بـودم؛ نسـخۀ دیگـری از خـودم. داسـتان او ماننـد داسـتان مـن بـود. مـن هـم بـا جبـر جامعـه و خانـواده، بـر اسـاس هـوش و نمـره، رشـته‌ای را خوانـده بـودم کـه شـاید دوسـت داشـتم، امـا محبـوب و دلخـواه مـن نبـود. اگرچـه کار می‌کـردم، امـا درآمـدم برایـم مهم‌تـر از حـال خـودم بـود. تـا اینکـه سـال‌ها گذشـت و اتفاقـات روزگار مـرا در مسـیر دیگـری قـرار داد؛ مسـیری کـه بـه دلیـل مشـکل پیش‌آمـده در آن قـرار گرفتـم و بـا همـۀ درد و رنجـی کـه داشـتم بایـد آن را می‌پیمـودم و تمـام آن سـختی‌ها و مشـقت‌ها بـرای مـن درس بـود. مسـیر خودشناسـی و کشـف خـودم چقـدر تلـخ و چقـدر شـیرین بـود! بـه چـه دره‌هـای تاریـک و عمیقـی کـه پرتـاب نشـدم و در آن تاریکی‌هـا فقـط بـه دنبـال کورسـوی نـوری بـودم کـه راهـم را پیـدا کنـم. زمیـن خـوردم و بلنـد شـدم، شکسـتم و دوبـاره خـودم را سـاختم تـا توانسـتم چشـمۀ نـور را پیـدا کنـم و از آن تاریکـی بـه سـوی روشـنایی قـدم بـردارم و اکنـون کـه بـه آن روزهـا نـگاه می‌کنـم، حتـی آن روزهـای بی‌نـور و سـخت، آن زخم‌هـای پـردرد را هـم دوسـت دارم؛ چـرا کـه اگـر آن‌هـا را نمی‌دیـدم و تجربـه نمی‌کـردم، امـروز اینجـا نبـودم و ایـن حـس را نداشـتم.

ارزش‌هایت را بشناس و با ارزش‌هایت زندگی کن!

ارزش‌هـای فـردی هـر کسـی جـزء مهم‌تریـن اجـزا و بخش‌هـای زندگی‌اش به شمار می‌رود و زندگی فرد را تحت تأثیر قرار می‌دهد، بـه آن معنـا می‌بخشـد و باعـث داشـتن انگیـزه بـرای رسـیدن بـه هـدف و موفقیـت می‌شـود. ارزش‌هـا را می‌توانیـم مثـل سـتارۀ قطبـی بدانیـم کـه مـا را در مسـیر درسـت نـگاه مـی‌دارد و راهنمـای مـا در مسـیر اسـت. درواقـع ارزش‌هـا ملاک‌هایـی هسـتند کـه بـرای ارزیابـی رفتـار و نحـوۀ زندگـی خودمـان بـه آن‌هـا اتـکا می‌کنیـم. ارزش‌هـا ریشـه در باورهـا و اعتقـادات اصلـی مـا دارنـد و همیـن امـر باعـث می‌شـود ارزش‌هـای افـراد بـا هـم متفـاوت باشـند یـا بـا گـذر زمـان تغییـر کننـد. برخـورداری از ارزش‌ها زندگی را هدفمند می‌سازد و به ما هویت می‌بخشند.

به‌عنوان کسـی که در حوزۀ خودشناسـی و رشـد و توسـعۀ فـردی مطالعه و کار می‌کنـد، بـه ایـن بـاور رسـیده‌ام کـه موضـوع شـناخت ارزش‌هـا بـرای مراجعیـن بسـیار جـذاب و تأثیرگـذار اسـت. می‌توانـم بگویـم شـناخت ارزش‌هـا ماننـد شاه‌کلیدی اسـت کـه درهـای مهـم زندگـی را بـاز می‌کنـد و دریچـه‌ای جدیـد از نگـرش را بـه روی مـا می‌گشـاید. بـه قـول یکـی از مراجعیـن: «بـا شـناخت ارزش‌هـا تـازه فهمیـدم چطـور می‌خواهـم خـودم انتخـاب کنـم، چطـور زندگـی کنـم و اصـلاً چـه کسـی باشـم.»

بسـیاری از مـا چـون ارزش‌هـای خودمـان را نمی‌شناسـیم یـا بـا آن‌هـا زندگـی نمی‌کنیـم، نمی‌دانیـم چگونـه بـا چالش‌هـای زندگـی روبـه‌رو شـویم و از آن‌هـا عبـور کنیـم. هرکـدام از مـا در مسـیر زندگی مجموعه‌ای از قوانیـن و باورهـای فـردی را بـرای خودمـان می‌سـازیم کـه راهنمـای

رفتار و الگوی ما در زندگی است.

چرا شناخت ارزش‌ها در زندگی مهم است؟

حتماً برایتان پیش آمده که بین انتخاب دو موضوع مهم یا دو راه پُراهمیت سرگردان شوید. مثلاً انتخاب بین ادامهٔ تحصیل یا کار کردن، تصمیم بین مهاجرت و ماندن و غیره. در این دوراهی‌ها، آنچه به ما کمک می‌کند تا بتوانیم درست انتخاب کنیم و تصمیم بگیریم شناخت ارزش‌هاست. چرا که اگر ندانیم کدام برایمان مهم‌تر یا باارزش‌تر است و فقط برحسب نظر دیگران یا روند جامعه پیش برویم و انتخاب کنیم، نمی‌توانیم سختی‌ها را تحمل کنیم، مشکلات را حل نماییم و راه خودمان را پیدا کنیم؛ شاید وسط راه پشیمان شویم و به دنبال تغییر و برگشت به عقب باشیم، یا با حالی بد و شرایطی نامطلوب ادامه دهیم. درواقع شناخت ارزش‌ها تکلیف ما را با خودمان روشن کرده و کمک می‌کند تا بتوانیم بهتر تصمیم بگیریم و در دوراهی‌های زندگی راحت‌تر انتخاب کنیم.

زندگی با ارزش‌ها تحمل سختی‌ها را آسان می کند !

به قول نیچه، انسان اگر چرایی داشته باشد، با هر چگونگی‌ای خواهد ساخت. چرایی همان ارزش‌های زندگی انسان است. کسی که ارزش‌های زندگی خودش را نشناخته یا با آن‌ها زندگی نمی‌کند، به‌راحتی دست به هر کاری می‌زند و راحت تغییر عقیده می‌دهد. ارزش‌ها مسیر زندگی را مشخص می‌کنند و نحوهٔ نگرش ما به جهان اطرافمان را شکل می‌دهند؛ به ما کمک می‌کنند تا تصمیم‌گیری آگاهانه داشته باشیم و بر میزان احساس آرامش

و رضایت درونی ما تأثیر می‌گذارند. شناخت ارزش‌های فردی پیش‌نیازی برای شناخت اهداف زندگی است. وقتی ارزش‌هایمان را به‌وضوح بشناسیم، می‌توانیم تشخیص دهیم که چه چیزی به زندگی ما معنا و مفهوم می‌دهد. این به ما کمک می‌کند تا نقاط قوت و علایق خود را بشناسیم و با کسانی که با ما همسو و هم‌ارزش هستند ارتباط برقرار کنیم.

ارزش زندگی تو

تصور کنید شب‌هنگام سوار بر ماشین در جاده‌ای پرپیچ‌وخم و پرفرازونشیب در حال رانندگی هستید؛ درحالی‌که چراغ‌های ماشین خاموش هستند. آیا می‌دانید در کدام پیچ جاده باید بپیچید؟ آیا دست‌انداز یا چاله‌ای پیش روی شما وجود دارد؟ در ادامهٔ مسیر به سرازیری می‌رسید یا باید از سربالایی بالا بروید؟ زندگی بدون شناخت ارزش‌های آن مانند همین رانندگی است. اگر ارزش‌ها را نشناسیم و با آن‌ها زندگی نکنیم نمی‌توانیم از چالش‌های زندگی بیرون بیاییم. حالا تصمیم با شماست که با ماشین چراغ‌خاموش رانندگی کنید یا چراغ‌روشن.

احساس ارزشمندی

دربارهٔ نویسنده

فرناز فخرالدینی در حال حاضر به‌عنوان مدرس و لایف‌کوچ با گرایش کشف خود و بهبود روابط، مشغول به فعالیت و کار است. او از همان ابتدا به یادگیری و آموزش علاقه داشت، به طوری که تمام بازی‌ها، شعرها و کتاب‌های کودکانه را به خاطر می‌سپرد. از مهم‌ترین علایق او می‌توان به کتاب‌خوانی و ورزش اشاره کرد. اوقات فراغت فرناز به خواندن کتاب یا ورزش اسکیت می‌گذشت. در دوران دبیرستان وارد دنیای ورزش والیبال شد و سال‌ها به‌صورت جدی و حرفه‌ای آن را ادامه داد.

او به‌عنوان شیمی‌دان از دانشگاه فارغ‌التحصیل شد و در شرکت تجهیزات آزمایشگاهی به‌عنوان مشاور دستگاه و ابزار آزمایشگاهی

شروع به کار کرد. ازآنجایی که کار مورد علاقۀ او تدریس و آموزش بود، در کنار شغل مشاور پروژه، به تدریس در مراکز آموزشی هم مشغول شد و بعد از چندین سال تجربۀ کار شرکتی، آن را ترک کرد و به‌عنوان مدیر آموزش در مؤسسات و مدارس غیرانتفاعی به کار ادامه داد. او به ادامۀ تحصیل در رشتۀ «مدیریت کسب‌وکار» و «دکتری مدیریت حرفه‌ای کسب‌وکار» پرداخت، ولی دست روزگار زندگی او را دستخوش تغییراتی کرد که او را با دنیای خودشناسی و خودآگاهی آشنا نمود. این سفر او را بسیار تحت‌تأثیر قرار داد؛ گویی گنج پنهان وجود خودش را پیدا کرد. فرناز شش سال در دوره‌ها و کارگاه‌های آموزشی و عملی دوره دید و تجربه کسب کرد و پس از آن، شروع به برگزاری دورۀ شخصیت‌شناسی اناگرام و خودشناسی با رویکرد تحلیل رفتار متقابل نمود. در این بین با دنیای کوچینگ[1] آشنا شد و یک سال نیز در دوره‌های علمی و عملی آموزش دید و پس از آن در کنار تدریس به کوچینگ هم علاقه‌مند شد. این دنیای جدید دریچه‌ای نو پیش روی او باز کرد. تغییرات زندگی اگرچه برای فرناز سختی‌ها و تلخی‌هایی داشت، اما اکنون می‌داند که کیست و چه می‌خواهد و همین ارزش باعث شده که علاقه‌مندی جدیدی به‌صورت جدی وارد زندگی او شود و آن یوگا و مراقبه[2] است.

برگزاری جلسات حضوری و آنلاین کوچینگ در کنار تدریس، او را بیش از پیش به ارزش‌های زندگی مرتبط کرد تا با شوق بیشتر در این مسیر قدم بردارد. برای یافتن ارزش‌های خود و درک و شناخت بیشتر از خود، می‌توانید با فرناز در تماس باشید.

---

1 Coaching
2 Meditation

راه‌های ارتباط با نویسنده:

Farnaz.fakhreddini
+98 912 322 0130
Farnaz Fakhreddini

قهرمان زندگی خودت باش!

دکتر حدیث مجد

قهرمان زندگی خودت باش!

قصه‌های حدیث

دکتر حدیث مجد

کوچ تغییر مسیر شغلی، دندان‌پزشک متخصص ارتودنسی

همان کاری را انجام می‌دهید که دوست دارید؟

پاتریشیا آدسون[1] در مقدمهٔ کتاب **بیداری قهرمانان درون**[2] می‌نویسد: «آیا آنچه امروز انجام می‌دهید آن چیزی است که از درون می‌خواهید یا آنچه جامعه گفته باید بخواهید؟»

ما آدم‌هایی هستیم که از کودکی به ما دیکته کرده‌اند چگونه باشیم. اینکه خودمان چه می‌خواسته‌ایم اصلاً مهم نبوده و در ابعاد مختلف زندگی، از شغل گرفته تا ارتباطات، پوشش، تفریح و غیره، همیشه جامعه الگویی از پیش مشخص‌شده به ما داده تا از روی آن نقش زندگی‌مان را بازی کنیم.

اغلب به نظر می‌رسد جامعه کارش را درست انجام داده است. اگر از بیرون نگاه کنیم، این نقش‌ها در زندگی ما بی‌نقص به نظر می‌رسند؛ شبیه ویترین چیدمان‌شدهٔ مغازه‌ای لوکس که در آن همه چیز سر جای خودش است. زندگی ما شبیه صحنهٔ کارگردانی‌شدهٔ یک فیلم است که فیلم‌نامه‌اش را جامعه نوشته و ما بازیگرهای خوب

1 Patricia R. Adson

۲ این کتاب ترجمه‌ای است از:
Depth Coaching: Discovering Archetypes For Empowerment, Growth, And Balance.

نقش‌هایش هستیم؛ از کودکی درس می‌خوانیم، مدرسه و دانشگاه می‌رویم، دکتر و مهندس می‌شویم، ازدواج می‌کنیم، بچه‌دار و نوه‌دار می‌شویم... اما گاهی در میانهٔ این نقش بازی کردن‌ها احساس نارضایتی می‌کنیم؛ دلمان می‌خواهد مکثی کنیم و سؤال خانم آدسون را از خودمان بپرسیم. قصه‌های مجید را احتمالاً دیده‌اید. در قسمتی از پشت‌ِصحنهٔ فیلم، مجید ناگهان وسط صحنه می‌ایستد و در حضور عوامل فیلم فریاد می‌زند: «خسته شدم، خسته شدم، خسته شدم... دیگه نمی‌خوام فیلم بازی کنم، نمی‌خوام مشهور بشم، نمی‌خوام عکسامو تو مجله‌ها چاپ کنن. نمی‌خوام، نمی‌خوام، نمی‌خوام...»

درست تا لحظاتی قبل از این صحنه، به نظر می‌رسید همه چیز مرتب است. واقعاً چه اتفاقی افتاده بود که مجید به این نقطه رسیده بود؟ آیا سربه‌هوا، سهل‌انگار یا اهمال‌کار شده بود یا اتفاق دیگری رخ داده بود؟ انگار مجید فهمیده بود که دیگر دلش نمی‌خواهد به‌جای زندگی واقعی‌اش در این صحنهٔ کارگردانی‌شده بایستد و نقش بازی کند. دلش می‌خواست برگردد خانه؛ جایی که می‌توانست خود واقعی‌اش باشد: مهدی باقربیگی، نه مجید قصه‌های آقای پوراحمد. برای اکثر ما پیش آمده که دلمان بخواهد جایی وسط زندگی بایستیم و فریاد بزنیم: «خسته شدم، خسته شدم، خسته شدم... اصلاً من بازیگر این فیلم‌نامه نیستم. دلم نمی‌خواد نقشی رو بازی کنم که جامعه برام نوشته. دلم می‌خواد...»

ترس از قضاوت دیگران، ترس از رها کردن

لحظاتی بعد از این فریاد، درست مثل مجید، متوجه می‌شوید که به

این سادگی نمی‌شود صحنه را ترک کرد. یک جماعتی نشسته‌اند و تماشایتان می‌کنند. کارگردان و عوامل صحنه منتظرند کار را تمام کنید. بینندگان فیلم که تا پیش از این قهرمانشان بوده‌اید، نمی‌خواهند قهرمانشان را از دست بدهند و خانواده‌تان، که از داشتن شما به خودشان می‌بالند، باورشان نمی‌شود که می‌خواهید به خوشبختی و موفقیت‌هایتان پشت پا بزنید!

هیچ‌کس کنارتان نیست که بگوید: «نترس، بزن بیرون از این نقش!» برعکس، همه می‌گویند: «حالا که تا اینجای راه اومدی، باید تا آخرش بری!»

در ادامه، آقای کارگردان به مجید می‌گوید: «ببین آقا مجید، چه بخوای چه نخوای، باید فیلمو تمومش کنی. خسته هم شدی، می‌دونم. همه‌مون خسته شدیم. برو یه استراحت کن برگرد.»

این حرف‌ها را زیاد شنیده‌ایم، مگر نه. «زندگی همینه. علاقه فقط تو کتاب‌هاست... تو جوونی، ما چهار تا پیرهن بیشتر از تو پاره کردیم، حرف ما رو گوش کن. این کارو دوست نداری؟ این آدمو دوست نداری؟ این مسیرو دوست نداری؟ باشه، ولی حالا که تا اینجای راه اومدی، منطقی نیست برگردی. باید تا آخرش بری. موفقیت تو چند قدمیته! می‌خوای بزنی خرابش کنی؟»

ما بارها با شنیدن همین حرف‌ها برگشته‌ایم، نقاب به چهره‌مان زده‌ایم و دوباره به نقش بازی کردنمان ادامه داده‌ایم، اما خوب می‌دانیم یک جایی، ته ذهن و قلبمان، ناراضی هستیم. نارضایتی‌مان را در سایه نگه داشته‌ایم، اما سایه که ول کن نیست؛ همه‌جا همراهمان می‌آید، حتی تا آخرین پلۀ نردبان موفقیت!

همین می‌شود که در بزنگاه‌های زندگی‌مان، وقتی همه چیز عالی به نظر می‌رسد، ناگهان احساس نارضایتی سر می‌رسد و گلویمان را می‌گیرد؛ آن‌قدر که احساس خفگی می‌کنیم و می‌فهمیم یک جای کار، زندگی یا رابطهٔ به‌ظاهر ایده‌آلمان می‌لنگد. آن‌وقت یا تصمیم می‌گیریم گیر کار را پیدا کنیم و بفهمیم آن درد نهان که بی‌وقفه در درونمان فریاد می‌کشد چیست و چه می‌خواهد، یا همچنان به زندگی به‌ظاهر ایده‌آلمان ادامه می‌دهیم و فریاد درونمان را ساکت می‌کنیم. گرچه این فریاد ساکت نمی‌ماند و دوباره سر بزنگاه‌های دیگر سروکله‌اش پیدا می‌شود. برای من، یکی از آن بزنگاه‌ها بعد از مادر شدنم بود.

از تغییر می‌ترسیم

من دندان‌پزشک شدم و تخصص ارتودنسی گرفتم. در طول مسیر بیست و اندی سالهٔ تحصیل، از نوجوانی تا سی و چهار سالگی، هر بار تلاش کرده بودم بفهمم فارغ از الگوهای ذهنی جامعه، خودم چه می‌خواهم، به ترس‌ها و ابهاماتی برخورده بودم که مانع از این می‌شدند که جلوتر بروم. بعد از هر عصیان، خواست جامعه و ترس‌هایم بر من غلبه می‌کردند و باز هم به همان نقش خانم دکتر برمی‌گشتم؛ درست مثل مجید!

اما طی آن ۹ ماه عجیب، چیزی در من رشد کرده بود. در یک روز بارانی، درست وسط تابستان، هر دو آماده بودیم: او از دایرهٔ امن بدن من خارج شد و من از دایرهٔ امن خودم. او از کانال تنگ و تاریک زایمان بیرون آمد و من از پیلهٔ تنگ نقش‌های تکراری جامعه. او پا به این دنیا گذاشت و من پا به دنیای جدید خودم گذاشتم. او در

بالاترین سرعت رشد خودش بود و من در بهترین فرصت برای رشد. با هم همراه شدیم و پیش رفتیم؛ قدم به قدم. به‌جای اعتماد کردن به دانسته‌های قبلی خودم -آن شیوهٔ مادری کردن که نسل به نسل به ارث می‌رسید- شروع کردم به شناخت هرچه بیشتر این انسان کوچک. اولین و شاید سخت‌ترین قدم همین بود که بپذیرم او مثل هر انسان دیگری، مجموعهٔ کاملی از احساس‌ها و نیازهاست و تنها کسی که احساس‌ها و نیازهای او را حس می‌کند خودش است. اگر گرسنه باشد پیام گرسنگی به مغز او می‌رسد نه به مغز من! بنابراین خودش بهتر از من می‌تواند بفهمد سیر است یا گرسنه، گرمش شده یا سردش، خسته است یا نه. خود اوست که احساس می‌کند، نه من. فقط کافی است بدنش را بشناسد، به علائم و پیام‌هایش توجه کند و با آن در صلح باشد. این‌طوری هروقت گرسنه باشد خودش غذا می‌خواهد؛ دیگر نیاز نیست من با قاشق غذا دور خانه دنبالش بدوم، یا با کارتون حواسش را پرت کنم، یا برای غذا خوردن به او جایزه بدهم و به هزار ترفند دیگر متوسل شوم به امید اینکه او بر سر من منت بگذارد و نیازهای اولیهٔ خودش را تأمین کند! خودش وقتی هنوز یک سالش نشده می‌تواند لقمه‌های انگشتی غذا را بردارد و توی دهانش بگذارد، پس چه می‌شود که من تا سه سالگی هنوز خودم قاشق قاشق غذا توی دهنش می‌گذارم؟ لازم است باور کنم **خودش می‌تواند**. لازم است باور کنم که **او توانمند است**، درست برخلاف آنچه تمام عمر با ما رفتار شده بود. همیشه دیگران بهتر از خودمان می‌دانستند ما چه می‌خواهیم، چه باید دوست داشته باشیم و چه‌کار باید بکنیم و حالا تغییر این باور برایمان سخت بود.

دیدگاه‌هایی درباره کوچینگ

معجزه‌ای به نام کوچینگ[1]

اگر فرزندم **خودش** نیازهایش را بهتر از هرکسی می‌فهمید، پس نقش من به‌عنوان مادر چه بود؟ من کمکش می‌کردم تا **خودش** را بشناسد و بتواند در هر سنی به اندازهٔ توانش برای رفع نیازها و بروز احساساتش تلاش کند. من فقط باید به توانایی‌هایش احترام می‌گذاشتم، به او اعتماد می‌کردم و هرجا نیاز به کمک داشت یاری‌اش می‌رساندم. این نوع **بودن**، آسان نبود. تجربهٔ مادری کردن برای من اصلاً شبیه لم دادن روی شن‌های طلایی ساحلی آفتابی، راحت و پر از آرامش نبود! من هرگز نتوانستم شبیه مادرهای اینستاگرامی با ۴ تا بچهٔ قد و نیم‌قد، کفش پاشنه‌بلند و دامن کوتاه بپوشم و در رستوران‌های پنج‌ستاره یک شام رمانتیک نوش جان کنم! من شام‌های زیادی کوفتم شد؛ وقتی ناگهان لیوانی شیشه‌ای را پرت می‌کرد و من به‌جای اینکه با یک تشر بتوانم ماجرا را فیصله دهم باید به دنبال احساسات و نیازهای او، خودم و دیگران می‌گشتم!

من دیدارهای زیادی را با حسرت از دست دادم؛ وقتی مجبور بودم به‌جای اینکه در آرامش قهوه و کیکم را میل کنم، دنبال یک وروجک دور کافه بدوم. بسیاری از جزئیات زندگی عادی، پس از آمدن بچه به رؤیایی دور از دسترس تبدیل شده بود. زیاد می‌شنیدم که اطرافیان می‌گفتند: «چون سخت می‌گیری بچه‌ت سخت شده»، یا: «مگه ما این‌جوری بچه‌داری می‌کردیم؟» اما راستش خودم فکر می‌کنم وقتی تصمیم می‌گیری و انتخاب می‌کنی که در مسیر رشد و آگاهی قدم برداری، زندگی حسابی اراده‌ات را به چالش می‌کشد و در ازای آن، از تصوری که دربارهٔ توانمندی خودت داشتی فراتر می‌روی. مادری

---

1 Coaching

برای من مسیر رشد بود؛ پر از لذت، پر از چالش و پر از سؤال. بنابراین مدام می‌آموختم و برای حضور آگاهانه تلاش می‌کردم. آموخته‌هایم به من جرئت می‌داد. وقتی به او فرصت می‌دادم پاهای کوچکش را از مرزها بیرون بگذارد و فراتر برود، خودم هم جرئت پیدا می‌کردم که در مسیر رشد شخصی‌ام پا بگذارم؛ مسیری که هموار نبود و سنگلاخ‌های زیادی داشت. نگاه سنگین آدم‌ها را خوب یادم هست وقتی با فرزندم، نویان، توی کوچه شن‌بازی می‌کردیم و سرتاپای او پر از خاک می‌شد. وقتی باران می‌آمد و هیچ بچه‌ای توی کوچه نبود، ما چکمه و بارانی می‌پوشیدیم و زیر باران می‌دویدیم. حسابی خیس می‌شدیم، توی چاله‌های گل شالاپ‌شلوپ می‌کردیم، به کرمی که روی زمین خشک شده بود دست می‌زدیم و در تمام این مدت آدم‌ها رد می‌شدند و نگاهی، توصیه‌ای، چیزی حواله‌مان می‌کردند: «بارون می‌آد! سرده، مریض می‌شی! دست نزن، کثیفه!»

آن‌هایی هم که مرا می‌شناختند، لابد با خود می‌گفتند: «خانم دکتر به‌جای اینکه الآن با لباس اتوکشیده توی مطب پول پارو کنه، داره توی کوچه با پسرش گِل‌بازی می‌کنه!» من انگار دو شقّه می‌شدم؛ میان آن تجربه‌های آگاهانهٔ بسیار لذت‌بخش و آن قضاوت‌های ناآگاهانهٔ بسیار دردناک. دو شقّه می‌شدم؛ میان آدمی که جامعه دوست داشت باشم و آدمی که خودم می‌خواستم باشم. دردی وجودم را فراگرفته بود، ولی به کاری که می‌کردم آگاه بودم و ایمان داشتم. پس با وجود درد ادامه می‌دادم. مسیر ناهموار بود و پر از مه. ته جاده را نمی‌دیدم، اما همان‌طور که کورمال‌کورمال

پیش می‌رفتم، سر از دنیای تازه‌ای درآوردم به نام «کوچینگ». اینجا درست همان جایی بود که سال‌ها دنبالش می‌گشتم و همان معجزه‌ای بود که به آمدنش ایمان داشتم.

چرا معجزه؟

دنیایی را تصور کنید که رابطه‌هایش بر پایهٔ اعتماد و امنیت بنا شده است؛ جایی که در آن، آن‌قدر امن و راحتید که دربارهٔ هرچه می‌خواهید خودافشایی می‌کنید بدون اینکه قضاوت شوید. ارتباطی را تصور کنید که در آن به‌جای اینکه نصیحت بشنوید، با گوش جان شنیده می‌شوید. کسی را روبه‌رویتان تصور کنید که تمام توجه و تمرکزش روی شماست. وقتی حرف می‌زنید، شما و دغدغه‌تان را کاملاً درک می‌کند و اگر متوقف شوید، با یک یادآوری یا سؤال کوتاه کمک می‌کند به فکر کردن و ابراز کردن ادامه دهید. آن‌قدر راحتید که انگار کسی نیست و در خلوت خودتان هستید. همان‌طور که حرف می‌زنید و او گه‌گاه با سؤال‌هایش تلنگری به افکارتان می‌زند، کم‌کم گره‌های فکری‌تان باز می‌شود، ابر ابهام از ذهنتان کنار می‌رود و چیزهایی برایتان روشن می‌شود. این **آگاهی**‌ها از درون خودتان آمده‌اند. شاید گاهی کوچک و ساده‌اند، اما روشن شدنشان خیلی چیزها را تغییر می‌دهد... من به این می‌گویم معجزه! وقتی در ادامهٔ جلسه، کسی که روبه‌رویتان نشسته از شما می‌پرسد که حالا با این آگاهی‌های بزرگ و کوچک می‌خواهید چه‌کار کنید، اولین گام‌های تغییر برداشته می‌شوند... من به این می‌گویم کوچینگ!

من در دنیای کوچینگ به همان باوری رسیدم که در فرزندپروری

رسیده بودم: **او توانمند است.** برای من که باور کرده بودم فرزند کوچکم به اندازهٔ کافی توانمند است، سخت نبود درک کردن اینکه **مراجع توانمند است و بهتر از هرکسی می‌تواند راه‌حل‌های مناسب خودش را پیدا کند.** این‌گونه دنیای کوچینگ و فرزندپروری مثل تار و پودی در هم گره خوردند تا من بتوانم نقش خودم را در زندگی بازی کنم؛ نقشی که دیگر همانی نبود که جامعه الگویش را داده بود. حالا من یک کوچ حرفه‌ایِ فدراسیون جهانی کوچینگ[1] هستم و به افراد زیادی کمک کرده‌ام تا در مسیر شخصی‌شان قدم بگذارند. این کاری است که قلبم را راضی می‌کند و مسیری است که الگویش را جامعه به من نداده بود. رج به رجش را خودم بافتم؛ با طرحی که از پیش مشخص نبود. هر گره‌ای مقدمهٔ گرهٔ بعدی می‌شد و هر رجی که می‌بافتم رج بعدی را با خودش می‌آورد. اینکه رج‌های بعدی چه باشند هنوز معلوم نیست. مسیر شخصی ویژگی‌اش همین است: مبهم است و پر از عدم اطمینان و نقشه‌اش هیچ پایانی ندارد. تا زنده هستی با جان و دل ادامه می‌دهی؛ گل‌های قالی‌ات زنده‌اند و تکه‌هایی از جان و تنت را در آن‌ها جا گذاشته‌ای.

«فرصت کوتاه بود و سفر جان‌کاه بود
اما یگانه بود و هیچ کم نداشت.»[2]

ما الگوی عملی فرزندانمان هستیم. اگر در نقش‌های تکراری‌مان بمانیم، چگونه می‌توانیم امیدوار باشیم که فرزندانمان جرئت کنند از زیرِ بارِ زور بیرون بیایند و خودشان باشند؟

1 International Coaching Federation (ICF)

۲ قسمتی از شعر «در آستانه» از احمد شاملو.

دیدگاه‌هایی درباره کوچینگ

دوست دارم این فصل را با چند سطری از کتاب بی‌حدومرز[1] نوشتهٔ جیم کوییک[2] به پایان برسانم:

خلق زندگی دلخواهتان شاید کمی ترسناک به نظر برسد، اما می‌دانید چه چیزی از آن هم ترسناک‌تر است؟ پشیمانی! روزی که در حال کشیدن نفس‌های آخرمان هستیم، دیگر هیچ‌کدام از نظرهای دیگران و ترس‌هایمان اهمیتی ندارند، فقط این مهم خواهد بود که چگونه زیسته‌ایم. از کسی که دوست ندارید نصیحتتان کند انتقاد هم نپذیرید. اگر قضاوت‌های ناعادلانه دربارهٔ خودتان را نادیده نگیرید، هرگز پتانسیل واقعی خود را کشف نخواهید کرد. اجازه ندهید نظر دیگران زندگی شما را هدایت کند یا به نابودی بکشاند.

---

1 *Limitless*
2 Jim Kwik

قهرمان زندگی خودت باش!

دربارۀ نویسنده

دکتر حدیث مجد، کوچ حرفه‌ای با مدرک معتبر از فدراسیون بین‌المللی کوچینگ (ICF) و دندان‌پزشک متخصص ارتودنسی است. او با کسب رتبۀ برتر در کنکور سراسری، در رشتۀ دندان‌پزشکی تحصیل کرد و بعد از آن نیز با کسب رتبۀ برتر در آزمون تخصص، موفق به دریافت بورد تخصصی ارتودنسی شد. حدیث از ابتدا به علوم روان‌شناسی نیز علاقه‌مند بود. او هم‌زمان با تولد فرزندش، با روان‌شناسی انسان‌گرا آشنا شد و بیش از سیصد ساعت در کارگاه‌های فرزندپروری و روان‌شناسی شرکت کرد و این‌گونه دانش و تجربه را با هم پیوند زد. او در جست‌وجوی علاقۀ قلبی‌اش، با کوچینگ آشنا شد. ورود به دنیای کوچینگ، نقطۀ عطفی در

دیدگاه‌هایی درباره کوچینگ

زندگی حدیث بود و رسالت وجودی و معنای واقعی زندگی‌اش را به او نشان داد. حدیث کوچینگ را در سطح پیشرفته آموزش دید و مدرک بین‌المللی‌اش را از فدراسیون جهانی کوچینگ دریافت کرد.

حدیث معتقد است هرکس در زندگی مسیری شخصی و منحصربه‌فرد دارد که می‌تواند به‌جای تکرار الگوهای از پیش نوشته‌شده، برای یافتن آن تلاش کند. اگر شما هم امروز کاری را انجام می‌دهید که با آن خوشحال نیستید، اگر باور دارید این کار رسالت وجودی شما نیست اما از تغییر می‌ترسید، اگر رضایت واقعی‌تان را در شغل دیگری می‌بینید اما تابه‌حال جرئت یا ارادۀ آن را نداشته‌اید که برای رفتن به‌سوی آن گام بردارید، حدیث اینجاست تا با دانش، مهارت و تجربه‌اش به شما کمک کند تصمیم بگیرید. با او تماس بگیرید؛ شاید چند وقت دیگر، این شما باشید که داستان شگفت‌انگیزتان را با دیگران به اشتراک می‌گذارید!

راه‌های ارتباط با نویسنده:

 +98 900 201 0402
 +98 900 201 0402
 @drhadismajd

سفری از ماراتن دستاوردها تا زندگی واقعی

دکتر حدیث مظفری

سفری از ماراتن دستاوردها تا زندگی واقعی
دکتر حدیث مظفری
متخصص و مربی تغذیه و سلامتی

روی مبل خانه با نامهٔ پذیرش یک بورس تحصیلی بزرگ ملی در دست، لم دادم و به نقطه‌ای خیره شدم. به‌شدت احساس خلأ می‌کردم. تصاویری از سال‌ها تلاش و کوشش بی‌وقفه و شبانه‌روزی با دقت و وضوح بالا بر روی صحنهٔ ذهنم می‌پریدند. عجیب این بود که فتح این قلهٔ بلند و دشوار نه‌تنها من را خوشحال نکرده بود، بلکه احساس پوچی عمیقی را در درونم زنده کرده بود. خالی از هر احساسی این تصاویر مختلف را می‌نگریستم. سؤالاتی از اعماق ذهنم به سطح می‌آمدند و مدام پررنگ و پررنگ‌تر می‌شدند، تا این سؤال تکان‌دهنده تمام وجودم را فراگرفت: **«آیا این شیوهٔ زندگی همان چیزی بود که خودم می‌خواستم؟»** ناگهان نگاهم به گلدانی افتاد که کنار پنجره قرار داده بودم. برگ‌های خشک اطرافش پراکنده بودند، گویی در یک لحظه، خودم را درون آن گلدان مشاهده می‌کردم: خشک، بی‌روح و سرد! این تصویر دقیقاً نمادی از احساسات درونی من بود.

جادهٔ امتحانات سخت و ماراتن کسب دستاوردها

دقیقاً یادم نیست کی و چرا زندگی من مبدل به ماراتن کسب افتخار شد. با رتبهٔ یک کنکور وارد دورهٔ کارشناسی ارشد تغذیه و رژیم‌درمانی دانشگاه تهران شدم. از ابتدای مسیر، هدف اصلی‌ام مهاجرت و کسب موفقیت‌های بیشتر بود. در سه سال دورهٔ ارشد،

دیدگاه‌هایی درباره کوچینگ

بی‌وقفه کار کـردم، مقـالات علمـی نوشـتم، زبـان خوانـدم و بـرای مقطـع دکتـرای دانشـگاه‌های آمریـکای شـمالی درخواسـت دادم. تحریم‌هـا و افزایـش قیمـت دلار تمـام تلاش‌هایـم از چـاپ مقـالات تـا فراینـد ویـزا را سـخت‌تر و طاقت‌فرسـاتر کـرده بـود. فضـای رقابتـی دانشـکده و ارزش‌گذاری‌هایـی کـه بـر اسـاس تعـداد مقـالات بـود، اسـترس زیـاد و غیرقابل‌کنترلـی را بـه مـن وارد می‌کـرد، مخصوصـاً کـه بـرای گرفتـن پذیـرش و مهاجـرت بـه سـاخت رزومـۀ قـوی نیـاز داشـتم.

بـه یـاد دارم کـه بسـیاری از روزهـا بـرای انجـام کارهایـم تـا دیروقـت بیـدار می‌مانـدم و صبـح زود از خـواب بیـدار می‌شـدم. در ایـن لحظـات، بـا خـودم فکـر می‌کـردم کـه الآن بقیـه در خـواب هسـتند و مـن کار می‌کنـم، پـس می‌توانـم از آن‌هـا موفق‌تـر شـوم. علاوه‌بـر اینکـه سـاعات کمـی می‌خوابیـدم، تقریبـاً هیـچ خـواب باکیفیتـی نداشـتم؛ زیـرا ذهنـم مـدام نگـران کارهایـی بـود کـه بایـد فـردا طبـق برنامـه انجـام می‌شـدند.

شـاید برایتـان جالـب باشـد کـه به‌عنـوان دانشـجوی رشـتۀ تغذیـه و رژیم‌درمانی، سـبک رژیـم غذایـی مـن کامـلاً ناسـالم بـود. خیلـی از روزهـا صبحانـه را حـذف می‌کـردم یـا درنهایـت بـه گرفتـن کیـک و آب‌میـوه از مغازه‌هـای بیـن مسـیر دانشـگاه بسـنده می‌کـردم. گاهـی تـا لحظـۀ اتمـام کارهایـم، پیـام گرسـنگی و تشـنگی بدنـم را نادیـده می‌گرفتـم. بیشـتر روزهـا ناهـارم را پـای لپ‌تـاپ و در حیـن پاسـخ‌گویی بـه ایمیل‌هـا می‌خـوردم. زندگـی‌ام کامـلاً منفعـل و بـدون فعالیـت ورزشـی بـود.

روزهـا بـه همیـن منـوال گذشـت تـا بالاخـره تـلاش شـبانه‌روزی مـن جـواب داد و در آپریـل سـال ۲۰۱۹، نامـۀ پذیـرش دانشـگاه بریتیـش کلمبیـا[1] را

---

1 University of British Columbia

دریافت کردم. حس می‌کردم مهاجرت درهای موفقیت و خوشحالی را برای من باز می‌کند. احساس می‌کردم حالا زندگی باکیفیت‌تر و مطابق میلم را دنبال خواهم کرد.

سپتامبر ۲۰۱۹ دورۀ دکترا را در دپارتمان اپیدمیولوژی دانشکدۀ داروسازی شروع کردم. مهاجرت تغییر بسیار بزرگی بود، اما در واقعیت، کیفیت و خوشحالی مد نظرم را به دنبال نداشت. روزهای خیلی سختی را می‌گذراندم. بعضی شب‌ها از خستگی و فشار کارها با گریه می‌خوابیدم. شروع پروژۀ دکترا و حجم زیاد واحدهایی که داشتم به همراه تلاشم برای تطابق خودم با شرایط جدید زندگی، بار سنگینی بود. همیشه در زندگی برای کسب دستاوردهای مهم دویده بودم؛ توقف، مکث و حتی آهسته رفتن برای من معادل شکست بود. به‌خاطر همین به خودم فرصت هیچ استراحت و توقفی را نمی‌دادم. از خودم انتظار داشتم که به اندازۀ روزهای قبل از مهاجرت کارآمد و پردستاورد باشم. تمام روزها و شب‌های هفته کار می‌کردم؛ حتی روزهای تعطیل! به حدی در کارم غرق بودم که اگر روزی احساس خستگی نمی‌کردم، فکر می‌کردم آن روز کاری نکرده‌ام. مشکل این بود که با وجود صرف ساعات زیاد برای کار، باز هم احساس می‌کردم باید بیشتر و بهتر کار کنم. همیشه فکر می‌کردم نباید لفتش بدهم؛ چون وقت نیست! انگار کسی مدام در ذهنم زمزمه می‌کرد: «بیشتر، بهتر، تندتر!» اما این «بیشتر، بهتر، تندتر!» اجازۀ زندگی کردن را از من گرفته بود؛ چون همیشه یا دیر می‌شد، یا کارهای مهم‌تری بود یا کارهایی که باید تمام می‌شدند! خیلی وقت‌ها برای صرفه‌جویی در زمان، چندین کار را هم‌زمان انجام

می‌دادم. خیلی کم تفریح می‌کردم و حتی در زمان استراحت و تفریح هم ذهنم مدام درگیر کار و برنامه‌ریزی بود. همچنان سبک ناسالم زندگی را دنبال می‌کردم: روزهای پراسترس، خواب کم و بی‌کیفیت، تغذیهٔ ناسالم و زندگی کاملاً غیرفعال!

خشکی روح و هبوط

این شیوهٔ زندگی ناراحتم نمی‌کرد. تلاش‌های شبانه‌روزی جواب می‌داد و موفقیت‌ها یکی پس از دیگری وارد زندگی‌ام می‌شدند و تشویق و تأییدهای فراوانی را برای من به همراه داشتند. اما این خوشحالی‌های کوچک حتی ثانیه‌ای هم ماندگار نبودند! نمی‌دانستم چرا با وجود این تأییدهای فراوان بیرونی، هر روز حال درونی‌ام بدتر می‌شد. فکر می‌کردم شاید هنوز آن‌قدر که باید موفق نشده‌ام و به اهداف بزرگ ذهنم نرسیده‌ام. در انتهای سال اول دورهٔ دکترا برای بورس تحصیلی ونیر[1] درخواست دادم. دولت کانادا این بورس تحصیلی بسیار رقابتی را با هدف جذب و حفظ استعدادهای برتر، چه در سطح ملی و چه در سطح بین‌المللی، برای دانشجویان دورهٔ دکترا طراحی کرده است.

فکر می‌کردم گرفتن این بورس تحصیلی قرار است نقطهٔ عطف بزرگی در زندگی آکادمیک و غیرآکادمیک من باشد و این همان خوشحالی‌ای است که دنبالش می‌گشتم. چند ماه بعد، درحالی‌که برگهٔ قبولی ونیر را در دستم گرفته بودم، احساس پوچی عمیق‌تر و شدیدتری را تجربه کردم. در ذهنم موفقیت‌های قبلی را مرور می‌کردم و به احساس ناپایداری می‌اندیشیدم که بعد از هر موفقیتی

1 Vanier Canada Graduate Scholarships

داشتم. کجاست؟ خوشحالی‌ای که دنبالش می‌گشتم کجاست؟ تلاش و رسیدن چه معنایی دارد؟ اگر قرار است بعد از آن احساس پوچی کنم، چرا باید اصلاً هدف بگذارم و تلاش کنم؟! و سؤالی که مدام در ذهنم بزرگ‌تر و پررنگ‌تر می‌شد: **«آیا این شیوهٔ زندگی همان چیزی بود که خودم می‌خواستم؟»**

به گلدان خشکیده و برگ‌های فروریختهٔ آن نگریستم و هم‌ذات‌پنداری کردم؛ من هم همان‌قدر خشک و سرد شده بودم. آن‌قدر بیش از اندازه از خودم کار کشیده بودم که نیروی زندگی و خلاقیت درون من از بین رفته بود و حس زندگی در وجودم خشک شده بود. دستاوردهای بیرونی خودم را می‌دیدم، اما در عمق وجودم احساس ناکافی بودن می‌کردم. احساس هبوط به دره‌ای عمیق و سیاه را داشتم. انجام کارهای روزانه هم برای من دشوار شده بود؛ می‌خواستم تنها باشم و هیچ نکنم. چشم به دنیایی گشوده بودم که رغبتی به دیدن آن نداشتم. بخشی از مغزم که دائم می‌گفت «بیشتر، بهتر، تندتر!» ساکت شده بود. کاری برای انجام دادن نداشتم. دور باطلی از تلاش را آغاز کردم. اما شرایط به صورتی پیش رفت که من و خودم و احساس پوچی تنها ماندیم. فهمیدم عجله‌ای در کار نیست. فهمیدم که این احساسات نشانهٔ شروع سفر است. به خودم گفتم باید جور دیگری زیست! شروع کردم به یادگیری. در کلاس‌ها، کتاب‌ها و فیلم‌ها به دنبال زندگی گشتم. در این هبوط بارها زندگی خودم را مرور کردم. بارها از خودم پرسیدم: «علت پوچی درون قلبم چیست و به دنبال چه هستم؟ چرا این زندگی را نمی‌خواهم؛ به‌دنبال چه هستم؟ چرا احساس بی‌کفایتی می‌کنم و چرا حس می‌کنم به

دیدگاه‌هایی درباره کوچینگ

خودم خیانت کرده‌ام؟»

پس از بارها و بارها مرور زندگی و انتخاب‌هایم، دریافتم این‌گونه زندگی کردن رؤیای من نبوده است. دنبال چیزهایی دویدم که حتی خودم نمی‌خواستم. در وجودم دختر کوچکی بود که به او گفته بودند اگر خوب باشی، اگر موفق باشی، دوستت خواهیم داشت. ذهن من، ارزش من را با دستاوردهای بیرونی محاسبه می‌کرد. اگر تفریح می‌کردم، استراحت می‌کردم و به خودم بها می‌دادم، اگر می‌خوابیدم و اگر سخت تلاش نمی‌کردم، بی‌ارزش بودم. فراموش کرده بودم که زندگی شدن نیست، بودن است. اگر سخت تلاش نکنم هم، ارزشمند هستم. اگر به خودم بیاندیشم هم، ارزشمند هستم. تکه‌هایی از خودم را یافتم که در گذشته‌های دور و در اتفاقات مختلف زندگی جا گذاشته بودم. دیدم که کجاها با انتخاب‌های ناآگاهانه، انرژی زنانهٔ درونم را سرکوب کرده‌ام. منبع و سرچشمهٔ پرورندگی و عشق‌ورزی خودم را کنار گذاشتم تا تبدیل به مردی توانمند شوم. اما در درون، تمنای شدیدی برای پیوند با زنانگی و سبز شدن دوباره داشتم.

پیوند با زنانگی: از آگاهی از انتخاب‌ها تا کشف رسالت وجودی

در نخستین گام، آگاهی بیشتری نسبت به انتخاب‌هایم پیدا کردم. هر انتخاب چه عواقبی به همراه دارد؟ نه گفتن را فراگرفتم. در مرحلهٔ بعد، زنانگی را دوباره به زندگی خودم برگرداندم و با عواطف خودم ارتباط برقرار کردم. برعکس همیشه که تنها به عقلم رجوع می‌کردم، این بار برای حل مسائل به قلب و احساساتم هم رجوع

می‌کردم. صدای بدنم را می‌شنیدم و به آن می‌پرداختم. احساس می‌کردم دوباره به وجودم پرداخته‌ام و آن را پرورش داده‌ام. وقتی خسته بودم استراحت می‌کردم و رفع نیاز تشنگی و گرسنگی را به تعویق نمی‌انداختم. آگاهانه تغذیهٔ سالمی را آغاز کردم و خوردن هر لقمه را تبدیل به مراقبه کردم. ورزش را به‌صورت جدی به زندگی خود اضافه کردم. هر جلسهٔ یوگا فرصتی برای نگاه کردن به درونم و عمیق‌تر ساختن پیوند دوستی با خودم بود. هرچه این پیوند درونی عمیق‌تر می‌شد، بدن من منعطف‌تر می‌گشت! دیگر انجام کارهای خانه و آشپزی را هدر دادن وقت نمی‌دانستم و آن‌ها را به اعمال آیین‌گونه تبدیل کردم. هنوز هم کار می‌کردم، اما ساعات کارم را به مقدار معقولی کاهش دادم و آموختم چطور با تزریق معنا و عشق و خلاقیت احساس خودم را در زمان انجام کار تغییر بدهم. بعد از گذشت یک سال، میان کار و زندگی به‌صورت فوق‌العاده‌ای تعادل ایجاد کردم و حس کردم درونم سبزتر و وجودم حاصل‌خیزتر شده است.

چند سال بعد در جست‌وجوی یافتن رسالتم در این جهان با مفهوم کوچینگ[1] آشنا شدم. این آشنایی جرقه‌ای بود تا تصمیم بگیرم با چیزهایی که در این سفر آموخته‌ام، الهام‌بخش دیگران شوم.

دوست دارم به آدم‌ها بگویم که بیایید در این جهانی که ارزش‌گذاری‌ها بر اساس دستاوردهای بیرونی هستند و هر روز با پیشرفت علم و تکنولوژی پرسرعت‌تر و پرشتاب‌تر می‌شود، لحظه‌ای بایستید و دست دوستی به سوی خودتان و بدنتان دراز کنید.

---

1 Coaching

پیام امروز من برای زنان پرتلاشی است که با تمرکز بر دنیای کاری و دستاوردها، اغلب از زیبایی و عمق زندگی درونی و شخصی خود گذشته‌اند. به شما حق می‌دهم که در سفر پرفرازونشیب زندگی گاهی احساس کنید در گرداب کار و دستاوردها گم شده‌اید و خودتان را فراموش کرده‌اید، اما شاید امروز زمان آن رسیده که سفر پیوند با زنانگی و سبز شدن دوباره را آغاز کنید. چرا که هر چقدر زودتر پیمودن این مسیر را آغاز کنید، بهای کمتری می‌پردازید و سال‌های بیشتری را باکیفیت زندگی خواهید کرد. امیدواریم این سفر باعث یافتن تعادل و آرامش در زندگی شما شود و کمک کند که در دنیایی که ارزش‌گذاری‌ها بر اساس دستاوردهای مادی و فیزیکی است، خود را به‌عنوان فردی باارزش، بی‌قیدوشرط دوست داشته باشید.

سفری از ماراتن دستاوردها تا زندگی واقعی

دربارۀ نویسنده

دکتر حدیث مظفری، فارغ‌التحصیل دانشگاه بریتیش کلمبیا و مربی تغذیه و سلامتی است. او به دیگران کمک می‌کند تا با پیگیری سبک زندگی[1] سالم‌تر به تعادل در کار و زندگی دست یابند تا نه‌تنها از زندگی لذت بیشتری ببرند، بلکه عملکرد کاری خود را بهبود بخشند.

وجه تمایز کوچینگ حدیث، دوازده سال تحصیل و پژوهش آکادمیک در رشتۀ تغذیه و روش منحصربه‌فرد اوست. او در کوچینگ به ارزیابی تغذیه، الگوی خواب، فعالیت فیزیکی، میزان استرس و اضطراب افراد، اصلاح نظام باورها و ارتباط تنگاتنگ این‌ها با هم می‌پردازد.

---

1 Lifestyle

حدیث معتقد است که «روح قوی، فقط در بدن قوی است» و حالت فیزیکی و قدرت بدنی به انعطاف روحی و روحانی کمک می‌کند.

حدیث در طول تحصیل خود، برندهٔ جوایز مختلفی از جمله جایزهٔ بنیاد ملی نخبگان ایران و بورس تحصیلی ونیر از دولت کانادا شده است. نتایج حاصل از تحقیقات او در زمینهٔ تغذیه و سلامتی بر روی خبرگزاری‌های بزرگی مانند مدلینکس و کانورسیشن[1] قرار داده شده و جزء پرخواننده‌ترین مقالات در بازه‌های زمانی مشخصی بوده است.

او بخش کوچکی از تجربهٔ زیستهٔ خود را در این فصل آورده است و امید دارد که خوانندگان پیام‌های او در مورد اهمیت تغذیه و سبک زندگی سالم و تأثیر آن بر سطح رضایتمندی از زندگی را جدی بگیرند و به ارتقاء تعادل میان کار و زندگی بپردازند. حدیث عاشق یادگیری و رشد شخصی خود و دیگران است و به ورزش و سفر علاقهٔ زیادی دارد.

راه‌های ارتباط با نویسنده:

✉ drhadismozaffari@gmail.com
◉ dr.hadismozaffari

---

1 Conversation and MEdLinx

وقتی خود را در آسمان ملاقات کردم

محمد مهری

وقتی خود را در آسمان ملاقات کردم
در جست‌وجوی راهی برای یافتن پاسخی که باوردارم در درونم پنهان شده است

محمد مهری
مهندس مکانیک هواپیما و مهندس پرواز، کوچ شکوفایی و کسب‌وکار

ندای درون

هوا بارانی و کمی سرد بود. تازه وارد فرودگاه شده بودم. هنوز خورشید طلوع نکرده بود. نم‌نم باران لطافت خاصی به هوا داده بود. دوباره در آغاز پروازی طولانی بودم. رطوبت هوا خیلی لذت‌بخش بود. حس خوبی دارم وقتی می‌توانم به کشورهای مختلف پرواز کنم و تجارب جدیدی کسب کنم. درحالی‌که کیف پروازی را به دنبال خود می‌کشیدم، به دفتر اعزام پرواز[1] فرودگاه نزدیک شدم و ناگهان دوباره همان صدای همیشگی را شنیدم: «محمد، تو اینجا داری چه‌کار می‌کنی؟!»

این سؤال بارها و بارها برای من تکرار می‌شد. انگار یک نفر از درونم صحبت می‌کرد. هر وقت این سؤال را می‌شنیدم، غم عجیبی تمام وجودم را فرامی‌گرفت. واقعاً نمی‌دانستم باید از جایگاهی که به آن رسیده بودم، خوشحال باشم یا نه. چرا که بعد از این‌همه تلاش و رسیدن به این جایگاه، به رضایتی که دوست داشتم نرسیده بودم. مدت‌ها پیش فکر می‌کردم با رسیدن به این نقطه، از ادامۀ زندگی لذت خواهم برد، اما این‌طور نشد و باز هم با این چالش روبه‌رو بودم.

---

1 Flight Dispatcher

دیدگاه‌هایی درباره کوچینگ

یکی از پرسنل بخش اعزام پرواز فرودگاه نام من را صدا کرد و گفت: «آقای مهندس، مدارک مربوط به پرواز شما آماده است. الآن می‌توانید بروید به سمت گیت.» کاغذها را تحویل گرفتم و به سمت گیت مربوطه رفتم تا سوار اتوبوس شوم. برایم لذت‌بخش بود وقتی که این‌طور با احترام با من صحبت می‌کردند. بهای این احترام را پرداخت کرده بودم.

بعد از سال‌ها ترک تحصیل و انجام کارهای مختلف، ناگهان تصمیم گرفتم به دانشگاه برگردم و در رشتهٔ مهندسی مکانیک هواپیما و مهندسی پرواز[1] تحصیل کنم. خیلی خوش‌شانس بودم که توانستم در یک شرکت هواپیمایی معتبر و در اولین مصاحبهٔ کاری بعد از فارغ‌التحصیلی قبول شوم. خیلی زود در این مسیر پیشرفت کردم و طی ۱۰ سال به این جایگاه رسیدم.

نگاهم به سمت پایین بود؛ درحالی‌که کیف پروازی‌ام را به دنبال خود می‌کشیدم و به سمت گیت مربوطه می‌رفتم، همچنان این افکار در ذهنم غوطه‌ور بودند.

از گیت خارج شدیم و در محوطهٔ رمپ فرودگاه، وارد اتوبوس شدیم تا ما را به سمت هواپیما ببرد. داخل اتوبوس ایستاده بودم و به قطره‌های باران که به شیشهٔ اتوبوس می‌خوردند نگاه می‌کردم. باید قبل از مسافران سوار هواپیما می‌شدیم تا شرایط را بررسی کنیم و مطمئن شویم که همهٔ سیستم‌ها به‌درستی کار می‌کنند. این قسمت از کارم را بسیار دوست داشتم: «اطمینان از درست کار کردن تمام سیستم‌ها».

---

1 Avionics Engineering and Flight Engineering

تمام مسافران سوار شده بودند. ابرهای خطرناکی در مسیر پرواز داشتیم. همیشه از این شرایط واهمه داشتم، برای اینکه نمی‌دانستم چه اتفاقی ممکن است رخ بدهد و این ترس فقط در مورد پرواز نبود؛ من از مسیر زندگی خودم هم می‌ترسیدم، چون نمی‌دانستم به چه سمتی دارم می‌روم. آیا واقعاً تمامش همین بود؟ تمام علایق من، تمام شور و هیجان سال‌های کاری من، قرار بود به همین‌جا ختم شود؟ پس چرا برایم معنایی نداشت؟ چرا خوشحال نبودم؟ چرا آن رضایتی که باید درون من نبود؟

بالاخره هواپیما از زمین بلند شد و با همان تکان‌های همیشگی شروع به اوج گرفتن کرد. کمی نگران بودم، ولی به این وضعیت آب‌وهوایی عادت داشتم. ضربه‌های کمربند ایمنی به کمرم را حس می‌کردم. بالاخره هواپیما آرام شد، ولی من همچنان تلاطم داشتم و باز هم تکرار شد: «محمد، تو اینجا داری چه‌کار می‌کنی؟!»

فشارم افتاده بود. کمربندم را باز کردم و به سمت آشپزخانهٔ هواپیما رفتم تا از مهماندار یک فنجان قهوه و یک کیک بگیرم. قهوه داشت آماده می‌شد و من دفترچهٔ یادداشتم را از جیب بیرون آوردم تا دوباره سؤالاتم را ببینم؛ سؤالاتی که باید پاسخشان را پیدا می‌کردم. این روشی بود برای آرام‌سازی ذهنم؛ پاسخی که در درون من بود و هنوز توانایی دیدن آن را نداشتم.

لذت آشکار کردن

باز هم تکان‌ها شروع شد. به صندلی خود برگشتم و کمربندم را بستم. دفترچه هنوز توی دستم بود و داشتم به سؤالی که مقابل چشمانم بود فکر می‌کردم: «چرا از شغلم رضایت ندارم؟ چرا

«خوشحال نیستم؟»

واقعاً چه چیزی می‌توانست من را خوشحال کند؟ رضایت واقعی در چیست؟ مدت زیادی به این سؤال فکر کرده بودم و خیلی از مواردی را که به ذهنم می‌رسید، یادداشت می‌کردم. در دوران کاری خودم با مشکلات زیادی در رابطه با سیستم‌های هواپیما برخورد کرده بودم و همیشه به این فکر می‌کردم که: «کاش مثل یافتن مشکل داخل سیستم هواپیما، می‌توانستم جواب سؤالاتم را از درون خودم پیدا کنم.»

سال‌ها با تمام خطاهای سیستمی در پرواز دست‌وپنجه نرم کرده بودم و با بسیاری از آن‌ها آشنایی داشتم و البته که این مسئله برای من همیشه خوشایند بود؛ اما به اندازهٔ کافی من را خوشحال نمی‌کرد. در هواپیما همیشه خطای سیستم داخل خودش است و از خودش به راه‌حل می‌رسیم؛ حتی خود این سیستم برای یافتن مشکل به ما کمک می‌کند. تنها کافی است که زبان حرف زدن با کامپیوتر مربوطه را بدانیم. هیچ چیزی به این اندازه لذت‌بخش نیست که بتوانیم جواب مشکل را از درون خود آن پیدا کنیم. این لذت را هیچ‌وقت فراموش نمی‌کنم. لذتی که حس می‌کنم معنای واقعی زندگی‌ام است؛ جایی که همهٔ درها بسته شده و دیگر امیدی برای ادامه نیست؛ جایی که آمادهٔ نابودی هستی.

ناگهان صدای خلبان را شنیدم که اعلام کرد به دلیل بسته شدن فرودگاه مقصد باید برگردیم. هوای شهر مقصد نامناسب بود و ناچار به بازگشت بودیم. عاملی که از دست ما خارج بود و ناگزیر به پذیرش آن بودیم. این موضوع برای من آشنا بود. هوای داخل کابین کمی

سرد شده بود. خنکی زنجیر نقرهٔ دور گردنم را احساس می‌کردم.

نقره، روایتی آشنا و تلخ

پیش از ورود به این رشته با پدرم کارگاهی داشتیم که در آن فلزات مختلف را در کورهٔ ذوب می‌ریختیم و نقره را از فلزات دیگر جدا می‌کردیم. تا مدت‌ها همه چیز خوب بود و راضی بودیم. روزی هشت ساعت مقابل کورهٔ ذوب کار می‌کردیم و با سر و صورتی سیاه، ولی خوشحال از استخراج بیش از یک کیلو نقرهٔ خالص در پایان روز برمی‌گشتیم و این یکی از زیباترین تصاویری بود که در زندگی خود دیده‌ام.

نقرهٔ مذاب سرخ‌رنگ زمانی نمایان می‌شد که به مخلوط فلزات داخل کوره، سرب نرم اضافه می‌کردیم. سرب فلزات دیگر را در بر می‌گرفت و کنار می‌رفت تا نقرهٔ زیبا دلبری کند. این روشی سنتی بود که سال‌ها مورد استفاده قرار می‌گرفت. نقره از قبل همان‌جا بود، فقط زمانی قابل دیدن می‌شد که شرایط آن فراهم بود.

بعد از مدتی پدرم دچار بیماری سختی شد و در کارگاه تنها شدم. می‌خواستم در رشتهٔ مهندسی تحصیل کنم و هم‌زمان، کارم را هم ادامه دهم. درنهایت ناچار شدم کارگاه و تنها منبع درآمدم را با بدهی سنگین تعطیل کنم. دانشگاه شروع شد و بعد از سال‌ها ترک تحصیل، دوباره به فضای درس برگشتم. پولی نداشتم، شغلی هم نداشتم که از آن پول دربیاورم. در آن روزها که با ناامیدی و با قرض دانشگاه را شروع کرده بودم، به‌ناچار کاری را انجام دادم که همیشه از آن هراس داشتم.

فرفره‌هایی که پرواز کردند!

دست‌فروشی همیشه برای من خیلی غریب بود. خیلی درون‌گرا و

خجالتی بودم و از این نوع فروشندگی، بدون هیچ ویترین و قفسه‌ای، تنها روی یک قطعه زمین صاف، خجالت می‌کشیدم. باید به آن جذابیت می‌دادم تا بچه‌ها خوششان بیاید. وقتی تصمیم به فروش فرفره گرفتم، روی زمین را با پارچه‌های رنگی و طرح‌های عروسکی پوشاندم. قرار بود فرفره‌هایی را که از بازار خریده بودم روی آن بچینم. برای فرفره‌ها خودم بیشتر از بچه‌ها ذوق داشتم. آن‌ها را داخل باکس‌هایی فرو می‌کردم تا ایستاده باشند و در مسیر جریان باد بچرخند. نشستم و منتظر شدم. خیلی خوشحال بودم که حداقل می‌توانم پولی دربیاورم. باید هزینهٔ دانشگاه و کتاب‌های درسی را جور می‌کردم.

خوشحالی من با رفتن نور خورشید پایان یافت؛ درحالی‌که حتی یک فرفره هم نفروخته بودم. ترس وجودم را فراگرفت. بعد از ورشکستگی در کار قبلی، ترس از شکست درونم شعله می‌کشید. دوباره لرزش پاهایم را احساس کردم. پس از بسته شدن کارگاه، این نشانهٔ بد در زمان اضطراب با من همراه شده بود.

«عمو، می‌شه یکی از این فرفره‌ها رو بردارم؟» با این صدا به خودم آمدم و دیدم دختربچه‌ای که مادرش کیف چرم می‌دوخت و نزدیک من بود، صدایم می‌زند: «عمو، اجازه می‌دی با این فرفره‌ها بازی کنم؟» قبل از اینکه جوابی بدهم مادرش آمد و دختر را با خودش برد. مادر دست دختربچه را می‌کشید، اما دختر نگاهش را از فرفره‌ها برنمی‌داشت.

چند روز به همین منوال گذشت و داشتم کاملاً ناامید می‌شدم که ناگهان فکری به سرم زد. چند فرفره برداشتم و به اطراف پارک

رفتم تا آن‌ها را روی تنهٔ درخت‌ها، در مناطقی که تردد زیادتر بود و فرفره‌ها جلب توجه می‌کردند، ببندم. از ابتکار خودم خیلی خوشحال بودم. حالا رهگذران می‌دانستند که فرفره‌فروشی در پارک هست و با این کار موفق شدم چند فرفره بفروشم. از لبخند مادرها فهمیدم که حتی بیشتر از بچه‌ها از دیدن فرفره‌ها خوشحال می‌شوند. در اوج شادی فروش فرفره و شادی مشتریان، فردی عصبانی به طرف من آمد. با نگاه دنبالش کردم تا نزدیک شد. باز لرزش پاهایم را حس کردم. می‌دانستم این نشانهٔ بدی است.

«برو فرفره‌هات رو از داخل پارک جمع کن.» این صدای بلند و عصبانی مسئول پارک بود که از کارم ناراحت بود! از ناراحتی نمی‌توانستم جوابی بدهم. ناراحتی من از فریاد آن مرد نبود، بلکه بابت شکست دوباره بود.

گفتم: «اینجا کسی منو نمی‌بینه تا ازم خرید کنه!» گفت: «به من ربطی نداره، این مشکل خودته.» اگر من جای او بودم تشکر هم می‌کردم، زیرا ظاهر پارک خیلی قشنگ‌تر شده بود. فرفره‌ها را در اوج ناامیدی جمع کردم؛ درحالی‌که با خودم می‌گفتم «خدایا چطور این‌ها را بفروشم». سرم پایین بود و انگشت‌هایم را لابه‌لای موهایم می‌کشیدم تا اینکه صدایی شنیدم: «عمو، می‌شه با این فرفره بازی کنم؟»

متوجه شدم آن دختر مدتی است که من را صدا می‌زند. انعکاس رنگ‌های جذاب فرفره‌ها را می‌شد در چشم‌های درشتش دید. مادرش از دور اشاره کرد که به دخترش فرفره ندهم، چون ممکن بود خراب شوند. با خودم گفتم: «خراب کنه! خوب خراب کنه، چه اهمیتی داره؟ من که فروش نداشتم، حداقل اون بچه خوشحال

بشه.» به دختر کوچک گفتم: «می‌تونی برداری و بازی کنی.» با خوشحالی فرفره را برداشت و شروع به دویدن کرد. فرفرهٔ رنگی می‌چرخید و دختر از خوشحالی جیغ می‌کشید. درحالی‌که با ناامیدی نگاهش می‌کردم، شروع کردم به جمع کردن وسایل تا اینکه کم‌کم سروکلهٔ بقیهٔ بچه‌ها هم پیدا شد. بچه‌هایی که پدر و مادرشان در نزدیکی من فروشندگی می‌کردند. اجازه دادم که فرفره‌ها را بردارند و بازی کنند. تمام این بچه‌ها شادمانه دور پارک می‌دویدند و از چرخیدن فرفره‌ها خوشحال بودند. هیچ‌وقت این صحنه از جلو چشمانم پاک نمی‌شود. شکست خورده بودم، ولی خوشحال بودم از اینکه می‌دیدم آن‌ها در حال شادی‌اند. کم‌کم توجه همهٔ آدم‌های اطراف پارک جلب شد.

«فرفره‌هایی که مجبور شدم از روی درخت‌ها جمع کنم، حالا داشتند پرواز می‌کردند.»

آن روز مشتری‌ها طوری من را احاطه کردند، که اصلاً نمی‌فهمیدم به چه کسی فرفره می‌دهم و از چه کسی پول می‌گیرم. بعضی مشتری‌ها فرفره‌ها را از زمین برمی‌داشتند و اسکناس‌ها را در جیبم فرو می‌کردند. مدتی بعد دیگر همه می‌دانستند که فرفره‌فروشی داخل پارک هست. بله، راه‌حل هم، در تمام مدت همان جا بود.

«عمو، می‌شه با این فرفره بازی کنم؟»

ملاقات

دیگر از آن لرزش‌های شدید هواپیما خبری نبود. چشمم به برگهٔ وسط دفترچه افتاد. با دیدن آن برگه همیشه اضطراب داشتم.

وقتی خود را در آسمان ملاقات کردم

برگه‌ای که روی آن توانمندی‌های خود را در مقابل ترس‌هایم نوشته بودم. من پاسخ‌های همکاران، دوستان و گروهی از مخاطبینم را در شبکه‌های اجتماعی در مورد این سؤال که مرا در چه موضوعی توانمند می‌بینید، گردآوری کرده و هر پاسخ را به واژه‌ای تبدیل کرده بودم. این همان دایرهٔ توانمندی‌های من بود و باور داشتم که تمام این واژه‌ها نقطهٔ مشترکی دارند که زمانی آن را می‌یابم. به دنبال اتصال تمام آن‌ها به یکدیگر برای دستیابی به واژه‌ای واحد و یک مهارت بودم. واژه‌ای برای اکتشاف، برای دیدن؛ دیدن پاسخی که از قبل باور دارید درون مسئله پنهان شده است و تنها باید کاری کنید تا قابل رؤیت شود. من همچنان مضطرب بودم؛ به‌خاطر لشگری از تمام ترس‌هایی که در مقابل آن تجلی و وحدت قیام کرده بود و این یک جنگ بود، جنگی درون من، نبردی بین تمام قدرت‌ها و تمام ترس‌هایم، و من برای گرفتن تصمیم نهایی در این هیاهو نظاره‌گر آن بودم؛ من داشتم با خودم ملاقات می‌کردم.

در حال کم کردن ارتفاع بودیم. خورشید از پشت ابرها بیرون آمده بود، ولی هنوز قطره‌های باران به شیشهٔ مقابل اتاقک خلبان برخورد می‌کرد. باز هم صدای خلبان را شنیدم که اعلام کرد: «ضمن بستن کمربندهایتان از دیدن رنگین‌کمان لذت ببرید.» به افق مقابل نگاه کردم. به‌راستی که باشکوه بود؛ رنگ‌هایی که مثل فرفره‌ها در حال پرواز بودند، رنگ‌هایی که از قبل آنجا بودند و تنها زمانی نمایان شدند که نور خورشید داشت از درون قطره‌های باران عبور می‌کرد. باید تصمیم می‌گرفتم. در انتهای مسیر پروازی و در حال فرود بودیم. من در ابتدای یک مسیر جدید قرار داشتم.

کمربنـدم را بسـتم؛ محکم‌تـر از همیشـه، بـرای دیـدن دوبـارهٔ لبخنـد، بـرای دیـدن درخشـش نقـره‌ای، بـرای دیـدن رنگین‌کمـان، بـرای یافتـن معنـای جدیـد زندگی.

و ایـن همـان پاسـخی بـود کـه بـه دنبالـش بـودم. تمرکـز بـر روی یـک مهـارت، مهارتـی در توانمندسـازی انسـان‌ها بـرای ملاقـات بـا خودشـان و دیـدن یـک لبخنـد؛ لبخنـدی به‌خاطـر یافتـن، زمانـی کـه خودشـان پاسـخ‌ها را در درون خـود می‌بیننـد، و مـن ایمـان دارم کـه جواب‌هـا از قبـل در درونشـان حاضـر اسـت.

وقتی خود را در آسمان ملاقات کردم

دربارۀ نویسنده

محمد مهری، کوچ مورد تأیید فدراسون بین‌المللی کوچینگ[1] است و در زمینۀ روان‌شناسی مثبت و کسب‌وکار به‌عنوان کوچ شکوفایی و کسب‌وکار[2] فعالیت می‌کند. او به‌صورت تخصصی به افراد کمک می‌کند تا با شکوفایی توانمندی‌های اصلی و یافتن موانع درونی خود بتوانند در مسیر خلق پول و ایجاد کسب‌وکارشان قدم بردارند. سال‌ها مطالعه و شرکت در دوره‌های مختلف خودشناسی و همچنین آموزش‌های مختلف در ارتباط با کشف هدف وجودی و یافتن معنای زندگی به محمد کمک کرده است تا دریابد که به بحث توانمندی انسان‌ها و خلق پول و راه‌اندازی کسب‌وکار بسیار

---

1 International Coach Federation (ICF)
2 Flourishing and Business Coach

دیدگاه‌هایی درباره کوچینگ

علاقه‌مند است.

محمد در فروردین‌ماه سال ۱۳۶۲ در تهران به دنیا آمد و تا مقطع دبیرستان به‌سختی و با نمرات نه‌چندان قابل قبول تحصیل کرد، اما نهایتاً درس را رها کرد و چندین سال را به کسب‌وکارهای مختلف پرداخت تا به استقلال مالی برسد. درنهایت یک کارگاه ذوب نقره را به همراه پدرش در منطقهٔ شهریار تهران راه‌اندازی کرد. بعد از مدتی به دلیل بیماری پدر و وخامت حال او، به‌ناچار کارگاه را تعطیل کرد. در همین زمان در رشتهٔ مهندسی مکانیک هواپیما در دانشکدهٔ آموزش فنون هوایی سازمان هواپیمایی کشوری ایران پذیرفته شد. او با فروش فرفره در پارک قیطریهٔ تهران، هزینه‌های دانشگاه خود را تأمین کرد و توانست بعد از ۴ سال در همین رشته، نفر اول دانشکده شود. بلافاصله در اولین مصاحبهٔ کاری خود در یک هواپیمایی مطرح در ایران استخدام شد و ۱۰ سال از زندگی خود را به‌عنوان مهندس پرواز سپری کرد.

محمد معتقد است شناخت توانمندی‌ها به‌تنهایی کافی نیست و انسان‌ها برای آگاهی از بازدارنده‌های درونی در مسیر خلق پول و کسب‌وکار خود و عبور از آن‌ها، نیاز به یک کوچ دارند تا بتوانند با خودشان ملاقات کرده و پاسخ سؤالات ریشه‌ای خود را از درون خود پیدا کنند.

راه‌های ارتباط با نویسنده:

@mohamadmehri.coach
mohamadmehri.coach@gmail.com
www.mohamadmehri.coach

معجزهٔ انعطاف‌پذیری
روایتی از
پذیرش و تغییر

کتایون هاشمی مطلق

معجزهٔ انعطاف‌پذیری
روایتی از پذیرش و تغییر

کتایون هاشمی مطلق
محقق و مدیر بیوتکنولوژی، صاحب کسب و کار آنلاین در بازاریابی رسانه‌های اجتماعی و لایف‌کوچ، کوچ تغییر

پاییزِ رنگ‌پریده

۱۵ آبان ۱۴۰۱ بود. خاورمیانه همچون همیشه ناآرام بود و تماس گرفتن با تهران آسان نبود. داشتم همهٔ تلاشم را می‌کردم که هر طور شده به برادرم تلفن کنم و تولدش را تبریک بگویم، اما ارتباط برقرار نمی‌شد. فردا صبح تلفنم زنگ خورد. تماس از ایران بود. با یک دنیا شور و اشتیاق جواب دادم، اما ناگهان خنده روی لبم ماسید. بغض، یک گلولهٔ اشک توی چشمم شلیک کرد. بدنم یخ بسته بود و زمان از حرکت ایستاده بود.

برادرم در شب تولدش سکتهٔ مغزی کرده بود و طرف چپ بدنش فلج شده بود. برای دقایق طولانی، تک‌وتنها، علی‌رغم همهٔ ناتوانی‌ای که داشت، تلاش کرده بود به همسایه‌ها اطلاع بدهد که او را به بیمارستان برسانند، ولی متأسفانه فریاد کمکش در هیاهوی کوچه و خیابان محو شده بود و ساعت‌ها از زمان طلایی نجاتش گذشته بود.

برای یک لحظه چشم‌هایم را بستم و خودم را جای او گذاشتم؛ فکر اینکه برادرم با آن عظمتی که داشت زمین خورده بود و حالا حتی قادر به حرکت هم نبود برایم غیرقابل‌باور بود. برادرم عاشق کوهنوردی و شنا بود و همیشه کوله‌باری از خاطرات خوش سفرهایش

را با خودش حمل می‌کرد.

آن روزها، من در این سر دنیا داشتم از یک طرف با بیماری آلزایمر مادرم دست‌وپنجه نرم می‌کردم و از طرف دیگر، کشتیِ به‌گل‌نشستهٔ رابطهٔ عاطفی‌ام را به آب برمی‌گرداندم. مادرم معلم بود و در طی سی و چند سال خدمتش، با صدها دانش‌آموز و والدینشان سروکلّه زده بود. عاشق کتاب خواندن و نوشتن بود؛ تا دلت بخواهد عینک مطالعه داشت و خودکار و خود نویس. اما حالا این واقعیت که مادرم رفته‌رفته به یک حضور فیزیکی بدون ذهن، ارتباط و کلام تبدیل می‌شد، روح و قلبم را پاره‌پاره کرده بود.

رابطهٔ عاطفی من هم فرسایشی شده بود؛ به این معنا که تنش‌های رابطه، بدون اینکه ترمیم شوند، تکرار می‌شدند. به گفتهٔ دکتر مجتبی شکوری، خیلی وقت‌ها رابطه در نتیجهٔ همین فرسایش تمام می‌شود. جایی که یکی از طرفین، یا هر دو طرف رابطه بارها فکر کرده‌اند که مشکلی بوده و تمام شده، اما هر بار زخمی ترمیم‌نشده باقی مانده است و با رسیدن آسیب بعدی زخمی روی زخم نشسته است. آخر کار این زخم‌ها رابطه را به لباس نخ‌نما و فرسوده‌ای تبدیل می‌کنند که تن تنهایی هیچ‌کدام از طرفین را نمی‌پوشاند. هر تنش یا دعوایی، هر پرخاش یا بی‌اعتمادی‌ای، هر تخلیهٔ خشم یا بدبینی‌ای نیاز به ترمیم دارد. اما ترمیم یعنی رنجش دیگری را دیدن، دربارهٔ احساسش از او پرسیدن، حق را به او دادن، به قدر کافی از فکر و احساس خود گفتن، بدون افراط جبران کردن، بی قضاوت گوش کردن و همدل بودن. ترمیم یعنی حواس‌مان به جانِ رابطه باشد تا ته نکشد. حواس‌مان باشد که دعواهایمان منصفانه باشند و دعوای منصفانه فقط وقتی رخ

می‌دهد که فرد اشتباهات خودش را بپذیرد.

پذیرش و تغییر

من خودم را قربانی جبر و منطق می‌دیدم و نمی‌دانستم واقعاً احساس قلبی‌ام چیست. همیشه در این کلنجار بودم که اگر تولد و مرگ جبر است، پس آیا فقط این مسیر زندگی است که اختیاری است و باید با تمام محدودیت‌هایش نقش انسان شجاع را به بهترین نحو بازی کنیم؟ آیا در هر جبری اختیاری نهفته است؟ در آن شرایط من شجاع نبودم. قوی هم نبودم. من فقط مجبور بودم؛ مجبور بودم بپذیرم. اجبار مرا قوی و شجاع کرده بود.

تنها دو راه برایم مانده بود: پذیرش و تغییر. باید می‌پذیرفتم که اختیار و کنترل خیلی چیزها از حیطهٔ قدرت من خارج است. باید می‌پذیرفتم کامل نیستم، می‌پذیرفتم همیشه حق با من نیست و گاهی من هم اشتباه می‌کنم. باید شرایط را با تمام سختی‌هایش می‌پذیرفتم؛ باید می‌پذیرفتم که همیشه مشکلاتی بر سر راهم وجود دارند و باید در هر شرایطی به مسیر ادامه دهم.

از سوی دیگر، تغییر خودم آسان نبود. در بیشتر مواقع مقاومتی نسبت به تغییر وجود دارد که ناشی از احساسی است که فرد را احاطه کرده و او را از انجام تغییر بازمی‌دارد. این احساس ممکن است احساس عدم امنیت، احساس بی‌کفایتی، احساس ترس از ناشناخته‌ها و یا احساس واهمه از تغییرات جدید باشد، ولی این باور که احساسات، خود قائم به ذات نیستند و از افکار ما ناشی می‌شوند و درواقع احساسات برایند و محصول شیوهٔ اندیشیدن ما هستند باعث می‌شود بتوانیم بر آن‌ها غلبه کنیم. طبق گفتهٔ زیبای دکتر شهاب

اناری، نباید بگذاریم شخصیتمان اهدافمان را شکل دهد، بلکه باید با انتخاب هدف وجودی دلخواهمان، شخصیت ایده‌آلمان را بسازیم.

وقتی فراموش می‌کنیم که توانایی انتخاب کردن داریم، ذره‌ذره احساس می‌کنیم که می‌توانیم قربانی باشیم، پس اجازه می‌دهیم دیگران قدرتمان را بگیرند و کم‌کم تبدیل به همان کسی می‌شویم که بقیه می‌خواهند.

نکتۀ طلایی ایجاد تغییر این است که باید به این باور برسیم که سکان‌دار زندگی خودمان هستیم و می‌خواهیم و می‌توانیم زندگی‌مان را وارد یک مسیر تحولی کنیم و با انتخابی آگاهانه، در جست‌وجوی امید و انعطاف‌پذیری و رشد باشیم و در میان پیچیدگی‌های زندگی‌مان قدم برداریم. تنها با باور داشتن به این حقایق است که می‌توانیم تغییر را برای خودمان آسان‌تر کنیم.

سفر من از بیوتکنولوژی به کوچینگ[1]

بیشتر از ۲۵ سال بود که به‌عنوان یک زیست‌شناس ارشد در صنعت بیوتکنولوژی کار می‌کردم و ناگهان تغییر غیرمنتظره‌ای در زندگی‌ام رخ داده بود. دقت و قطعیت در کار حرفه‌ای و علمی من و آشفتگی‌های زندگی شخصی‌ام با هم توأم شده بود. فرایند طلاق، پس از گذشتن مدتی طولانی از ازدواج، برای من یک چالش دلهره‌آور و پر از آشفتگی‌های عاطفی و عدم اطمینان بود. در همین زمان دانش‌پذیر رشتۀ کوچینگ بودم و به‌شدت به این حیطه علاقه داشتم و هرچقدر پیش‌تر می‌رفتم، نیاز به حضور یک کوچ را در کنار خودم بیشتر حس می‌کردم. در این دوره بود که قدرت

---

1 Coaching

دگرگون‌کننده و معجزه‌آسای کوچینگ را کشف کردم؛ کوچینگ نه‌تنها در مسائل و چالش‌های زندگی شخصی‌ام به کمکم می‌آمد، بلکه برایم الهام‌بخش یک تغییر عمیق هم بود؛ تغییر در شغلم!

کاتالیزور تحول

در طول فرایند پرتنش و طاقت‌فرسای جدایی و طلاق، تصمیم گرفتم به‌طور جدی از یک کوچ در این زمینه کمک بگیرم. در ابتدا شک داشتم که چگونه شخص دیگری می‌تواند مرا همراهی کند تا پیچیدگی‌های زندگی شخصی‌ام را کشف کنم؟ بااین‌حال، رویکرد سازمان‌یافته و درعین‌حال همدلانه‌ای که کوچم به کار می‌برد، به من این امکان را داد که شرایطم را از منظر جدیدی ببینم. همان‌طور که خانم مارشا رینولدز[1] به‌درستی بیان می‌کند، «کوچینگ، توانمند ساختن افراد برای تصمیم‌گیری آگاهانه و توانمندسازی آن‌ها برای تبدیل شدن به رهبران زندگی خود است.»[2]

کوچ من در این فرایند راه‌حل‌های آماده‌ای ارائه نداد، بلکه از طریق پرسشگریِ قدرتمند و گوش دادن فعال، بستر یک محیط امن و بدون قضاوت را برای من فراهم آورد تا بتوانم از اعماق درون خود، از ناخودآگاه به خودآگاه برسم. این فرایند به من کمک کرد تا مسائل اساسی زندگی‌ام را شناسایی کنم، ارزش‌هایم را دوباره تعریف کنم و چشم‌انداز روشنی برای آینده‌ام ترسیم کنم. بینش و نگرش حاصل از جلسات کوچینگ، نه‌تنها به من کمک می‌کرد که از مسیر دشوار طلاق عبور کنم، بلکه شور و شوق رسیدن به پیشرفتی

---

1 Marcia Reynolds
2 Coaching is about enabling individual to make conscious decisions and empowering them to become leaders in their own lives.

دیدگاه‌هایی درباره کوچینگ

فراتـر از آن را بـه مـن نوید مـی‌داد.

از طـرف دیگـر، سـکتهٔ مغـزی بـرادرم لایـهٔ دیگـری از پیچیدگـی را بـه زندگـی مـن اضافـه کـرده بـود. عـزم و ارادهٔ آهنیـن او بـرای بهبـودی، هـم دلخـراش بـود و هـم الهام‌بخـش. مـن شـاهد ایـن بـودم کـه چگونـه بـا تلاشـی بی‌وقفـه، بـرای بـه دسـت آوردن توانایـی از دسـت رفتـه‌اش می‌جنگیـد و مبـارزه می‌کـرد. رونـد بهبـودی بـرادرم خیلـی آهسـته و کنـد پیـش می‌رفـت، تـا جایـی کـه بـه نظـر می‌رسـید رسـیدن بـه هـدف غیرممکـن اسـت. ولـی چیـزی کـه خیلـی چشـم‌گیر بـود ایـن بـود کـه ایـن رونـد، ایـن نکتـه را یـادآوری می‌کـرد کـه اگرچـه هدف‌هـا در زندگـی باعـث می‌شـوند کـه برنـده شـویم، امـا سیسـتم در زندگـی بـه مـا ایـن اجـازه را می‌دهـد کـه بـازی کنیـم. بـرادرم بـا چنـان شـور و اشـتیاقی جلسـات فیزیوتراپـی را دنبـال می‌کـرد و دربـارهٔ آن صحبـت می‌کـرد کـه انـگار وارد یـک سیسـتم جدیـد شـده و دارد بـا قوانیـن آن سیسـتم بـازی می‌کنـد. ایـن ارادهٔ او گاهـی در مـن ایـن بـاور را پررنـگ می‌کـرد کـه زندگـی بـرد و باخـت نیسـت، بلکـه تـلاش بـرای بهبـود مسـائل کوچـک بی‌پایـان اسـت و همیـن بهتـر شـدن‌ها نتیجـهٔ خوبـی را بـه همـراه مـی‌آورد. بـرادرم هیچ‌وقـت خـودش را قربانـی محدودیـت فیزیکـی‌اش ندیـد. او عاشـق فراینـد بهبـودش شـده بـود و لازم نبـود صبـر کنـد تـا بـا نتیجـهٔ آن خوشـحال شـود. او قـدردان و سـپاس‌گزار ثانیه‌هـای درمانـش بـود. قدردانـی در ایـن شـرایط سـخت انـکار درد نبـود، بلکـه انتخابـی آگاهانـه بـود تـا بـا اسـتفاده از آن بـه جسـت‌وجوی امیـد پرداخـت، پیچیدگی‌هـای زندگـی را شـناخت و در مقابـل آن‌هـا منعطـف بـود و درنهایـت رشـد کـرد.

سفر او به سوی بهبودی اهمیت انعطاف‌پذیری و صبر را به من آموخت و نشان داد یک طرز فکر مثبت چقدر می‌تواند قدرتمند باشد. سفر او فقط در مورد توان‌بخشی فیزیکی نبود، بلکه در مورد استحکام ذهنی و عاطفی نیز بود. این تجربه به ماهیت تمام و کمال رشد شخصی که ذهن، بدن و روح را در بر می‌گیرد تأکید می‌کرد. درس‌هایی که از مشکلات برادرم گرفتم، جزئی جدایی‌ناپذیر از فلسفهٔ کوچینگ من شد. وقتی به این باور رسیدم که در کنار کار حرفه‌ای خودم، به کوچینگ نیز بپردازم، متوجه شدم که همان اصول انعطاف‌پذیری و مثبت‌اندیشی که از برادرم آموخته بودم، می‌تواند دیگران را در مواجهه با چالش‌هایشان توانمند کند.

جوهرهٔ کوچینگ

کوچینگ به‌عنوان یک ابزار حیاتی برای توسعهٔ شخصی و حرفه‌ای ظهور کرده است. کوچینگ افراد را برای دستیابی به اهدافشان توانمند می‌سازد و تغییرات دگرگون‌کننده را هدایت می‌کند. فرایند کوچینگ یک مشارکت پویا بین کوچ و مراجع است و برای کمک به مراجع، شکوفایی پتانسیل‌های او و به حداکثر سازی عملکردش طراحی شده است. کوچ مانند یک آیینه عمل می‌کند و افکار، احساسات و رفتارهای مراجع را منعکس می‌کند و به او نشان می‌دهد. این فرایندِ بازتابی به مراجع کمک می‌کند تا بینشی عمیق در مورد اعمال و نگرش‌های خود به دست آورد. همچنین باعث می‌شود مراجع به خودآگاهی و هدفمندی بیشتری در زندگی برسد. کوچ با فراهم کردن یک فضای امن برای مراجعان، کمک می‌کند تا آن‌ها ایده‌ها، ترس‌ها و آرزوهای خود را بدون قضاوت

کشف کنند.

برای دخترهایم

زندگی سفری پر از تغییرات است که برخی از آن‌ها می‌توانند بسیار سخت باشند؛ مانند شکست خوردن در روابط عاطفی. می‌خواهم بدانید اشکالی ندارد که طیف وسیعی از احساسات را تجربه کنید. غم، عصبانیت، سردرگمی و حتی تسکین؛ همهٔ این احساسات معتبرند و بخشی طبیعی از فرایند تغییر هستند. دوست دارم در اینجا به آگاهی‌هایی اشاره کنم که در سفر کوچینگ برایم آشکار شد؛ شاید این همدلی باعث شود راه برایمان هموارتر شود.

من به این شفافیت رسیدم که تغییر را در آغوش بگیرم. تغییر اجتناب‌ناپذیر است و درحالی‌که می‌تواند ترسناک باشد، فرصت‌های جدیدی را نیز به ارمغان می‌آورد. به‌جای ترس از تغییر، سعی کردم آن را فرصتی برای یادگیری و رشد بدانم. این که هر فصل جدید در زندگی چگونه شروع می‌شود اهمیتی ندارد، آنچه مهم است این است که این فصل جدید، پتانسیل آن را دارد که بهتر و رضایت‌بخش‌تر از گذشته باشد.

من به این آگاهی رسیدم که دست از پشیمان شدن بردارم. این آسان نیست که به گذشته نگاه کنیم و آرزو کنیم که کاش کارها را به گونه‌ای متفاوت انجام می‌دادیم. پشیمانی می‌تواند ما را در گذشته گیر بیندازد. در عوض بهتر است به آموخته‌های خود فکر کنیم، از آن‌ها درس بگیریم و با استفاده از آن‌ها انتخاب‌های بهتری داشته باشیم. مهم این نیست که چه چیزهایی را از دست داده‌ایم، مهم چیزهایی است که هنوز می‌توانیم به دست بیاوریم.

معجزۀ انعطاف‌پذیری

من به این اطمینان رسیدم که خودم را ببخشم. بخشش آزادی است؛ بخشش برای بهانه‌جویی از گذشته نیست، بلکه برای رهایی از بار خشم و رنجش است. همۀ ما انسان هستیم و اشتباه می‌کنیم. اشتباه جزئی جدایی‌ناپذیر از زندگی است. آنچه اهمیت دارد این است که از اشتباهاتمان درس بگیریم و به رشد خود ادامه دهیم.

سفر کوچینگ به من این اجازه را داد که با ترس‌هایم روبه‌رو شوم و بپذیرم طبیعی است که هنگام مواجهه با ناشناخته‌ها احساس ترس کنم، ولی به این باور هم رسیدم که انکار ترس، شجاعت نیست، بلکه شجاعت برداشتن قدم‌های کوچک به سمت اهداف است. همین قدم‌ها و موفقیت‌های کوچک اعتمادبه‌نفسمان را افزایش می‌دهد و باعث می‌شود به این حقیقت برسیم که قوی‌تر از چیزی هستیم که فکر می‌کنیم.

مثبت‌اندیشی همیشه برای من یک ارزش بود و کوچینگ باعث شد تا بار دیگر این ارزش در زندگی من پررنگ شود. طرز فکر مثبت می‌تواند زندگی را به شیوه‌هایی شگفت‌انگیز، حتی در شرایط سخت، تغییر دهد. مهم این است که روی عوامل مثبت تمرکز کنیم و قدردان دستاوردهای کوچک خود باشیم. مثبت‌اندیشی نادیده گرفتن بدی‌ها نیست، بلکه تمرکز بر پتانسیل‌های خوب است.

زندگی به طریق خودش ما را در زمانی که انتظارش را نداریم هدایت می‌کند. طلاق من، سکتۀ مغزی برادرم و آلزایمر مادرم اتفاق‌هایی بودند که زندگی مرا تغییر دادند. این اتفاقات در آن زمان غیرقابل‌حل به نظر می‌رسیدند، اما از طریق کوچینگ همه چیز به شکل معجزه‌آسایی قابل پذیرش شد. بعد از آشنایی با

دیدگاه‌هایی درباره کوچینگ

کوچینگ، هدف جدیدی پیدا کردم و به جایی رسیدم که امروز به‌عنوان یک کوچ خودم را وقف کمک به دیگران می‌کنم تا در تاریک‌ترین دوران زندگی‌شان همراهشان باشم و آن‌ها را در مسیر آگاهی هرچه بیشتر همراهی کنم تا درنهایت بتوانند به خودآگاهی برسند. سفر کوچینگ به من آموخت که حتی در چالش‌برانگیزترین لحظات نیز قدرت امید و امکان شروعی جدید وجود دارد.

معجزهٔ انعطاف‌پذیری
روایتی از پذیرش و تغییر

دربارهٔ نویسنده

کتایون هاشمی مطلق صاحب یک کسب‌وکار آنلاین در زمینهٔ آموزش بازاریابی با رسانه‌های اجتماعی[1] است و در این زمینه به کسب‌وکارها و افراد به‌عنوان منتور[2] آنلاین مشاوره می‌دهد. او سعی دارد با این مشاوره‌ها روش‌های بازاریابی به وسیلهٔ رسانه‌های اجتماعی را در بین کسب‌وکارها و افراد ارتقا دهد.

کتایون علاوه‌بر فعالیت‌های علمی و صنعتی خود، به حوزهٔ لایف‌کوچینگ[3] نیز علاقه‌مند است و مدرک معتبر و مورد تأیید

---

1 Social media marketing
2 mentor
3 Life Coaching

دیدگاه‌هایی دربارهٔ کوچینگ

فدراسیون جهانی کوچینگ[1] (ICF) را از اکادمی ستارهٔ شمال دریافت کرده است. عضویت در فدراسیون جهانی کوچینگ و تعهد به اصول کوچینگ به کتایون این امکان را داده است که به‌عنوان یک کوچ معتبر در حیطهٔ تغییر به افراد کمک کند تا روابط رضایت‌بخشی داشته باشند و آن را ارتقاء دهند. او همچنین تلاش می‌کند تا مراجعانش را در تغییرات زندگی، مثل جدایی از روابط عاطفی، تا حد امکان آرام و توانمند سازد و در مسیر دستیابی به آرامش درونی آن‌ها را یاری دهد.

او با ۲۰ سال تجربه در حوزهٔ بیوتکنولوژی، مدیر موفق یکی از بخش‌های یک شرکت بیوتکنولوژی در دالاس آمریکا است. او دارای تحصیلات عالی (کارشناسی ارشد) در رشته‌های ژنتیک و میکروبیولوژی است و در بخش ایمنی‌شناسی[2] مولکولی انستیتو پاستور ایران در پیشبرد پروژه‌های علمی و تحقیقاتی نقشی کلیدی ایفا کرده است.

کتایون در کنار استاد برجسته، دکتر سیما رأفتی سیدی یزدی، برندهٔ جایزهٔ انستیتو پاستور - یونسکو، تحقیقات گسترده‌ای برای تهیهٔ واکسن لیشمانیازیز (بیماری سالک) انجام داده است و در اولین گزارش یک ژن خاص در لیشمانیا (انگل عامل بیماری سالک)، سویهٔ ایرانی، در بانک ژن[3] به‌عنوان نویسندهٔ همراه حضور داشته است. او همچنین نویسندهٔ همراه یک مقاله در مجلهٔ علمی انگل شناسی بیوشیمیایی و مولکولی[4] نیز بوده است.

---

1 International Coaching Federation
2 Immunology
3 Gene bank
4 Journal of Molecular and Biochemical Parasitology

کتایـون نگاهـی مثبـت و امیدوارانـه بـه زندگـی دارد و بـر ایـن بـاور اسـت کـه هیچ‌گاه بـرای یادگیـری دیـر نیسـت. او همـواره بـه دنبـال دسـتیابی بـه اهدافـش اسـت و بـرای رشـد فـردی و حرفـه‌ای خـود تـلاش می‌کنـد. او به‌عنـوان یـک الگـوی الهام‌بخـش در هـر سـه حـوزۀ فعالیـت خـود بـه دنبـال تأثیرگـذاری مثبـت و ایجـاد تغییـرات ارزشـمند در زندگـی خـود و دیگـران اسـت.

راه‌های ارتباط با نویسنده:

Email: khashemi79@hotmail.com
LinkedIn: Kathy Hashemi Motlagh

از معصومیت تا حقیقت

لیلا هوشیاری

از معصومیت تا حقیقت

لیلا هوشیاری
میکاپ‌آرتیست، کوچ و مشاور توسعهٔ فردی

برخیز و مخور غم جهان گذران
بنشین و دمی به شادمانی گذران
در طبع جهان اگر وفایی بودی،
نوبت به تو خود نیامدی از دگران

این شعر خیام را با خودم مرور می‌کنم. فکر می‌کنم شاید در تمام زندگی دنبال هدف‌هایی دویده‌ایم که بعد از رسیدن به آن‌ها تازه فهمیده‌ایم سرابی بیش نبوده‌اند. شاید راز زندگی این بوده که لحظه‌ای بایستیم و اطراف را نگاه کنیم. شاید قرار بوده کمی آرامش داشته باشیم.

مردی در کنار رودخانه با سرعت تمام مشغول دویدن بود. پسربچه‌ای به سمتش سنگ پرتاب کرد. مرد با خودش گفت: «بچه است!» و سریع‌تر شروع به دویدن کرد. اما پسربچه سنگ بزرگ‌تری پرتاب کرد. بعد سنگ دوم و سنگ سوم! مرد ناگهان عصبانی شد و ایستاد. پسربچه را نگاه کرد که پشت سرش می‌دوید و سنگ بزرگی در دست داشت. وقتی دید که مرد ایستاده است، خندید، پشت به او کرد و از همان مسیری که آمده بود برگشت. مرد عصبانی بود و تصمیم گرفت به دویدن خود ادامه دهد، اما چشمش به گودال بزرگی افتاد که به‌خاطر رانش زمین در مسیر دویدنش ایجاد شده بود. گودال به او خیلی نزدیک بود؛ اگر با این سرعت دویده بود، حتماً در آن می‌افتاد! با هراس به گودال بزرگی نگاه کرد که در مقابلش بود.

این داستان را به این دلیل دوست دارم که گاهی اوقات با خودم

دیدگاه‌هایی درباره کوچینگ

فکر می‌کنم سنگ‌هایی که خداوند به سمتم پرتاب می‌کند، هدفی دارند. قرار است بایستم تا بهتر ببینم! من در زندگی کنار گودال‌های زیادی ایستاده‌ام که قرار بوده است در آن‌ها سقوط کنم! این فصل، داستان سفر من از معصومیت جوانی به حقیقت میان‌سالی است؛ داستانی دربارهٔ تحولات، یادگیری‌ها، رؤیاها و واقعیت‌هایی که امید دارم الهام‌بخش دیگران باشند؛ به‌خصوص کسانی که در مسیری مشابه قدم گذاشته‌اند یا به دنبال تغییر و پیشرفت هستند.

از تهران تا خارکیف[1]

بعد از پایان تحصیلات اولیه‌ام در تهران، به اوکراین مهاجرت کردم. کشور جدید، دنیایی متفاوت بود. بهترین تفسیر برای جایی که به آن مهاجرت کرده بودم همین یک کلمه بود: «متفاوت»! از آب‌وهوا گرفته تا فرهنگ و زبان، همه چیز برای من ناآشنا بود. حتی بوها، طعم‌ها و مزه‌ها. حتی بوی آدم‌های اطراف هم متفاوت بود؛ نه بد و نه خوب، فقط متفاوت! فرهنگ، زبان و سرمای هوا برای من غریب و ناآشنا بود.

اولین چیزی که توجهم را جلب کرد، قدیمی و کهنه بودن واگن‌های قطار، تاریکی جاده‌ها و سرمای استخوان‌سوز هوا بود که دل منِ تازه‌وارد را کمی می‌لرزاند. خارکیف، شهری که خیلی زود تبدیل به خانهٔ جدید من شد، به شهر دانشجوها مشهور بود و بسیاری از دانشجویان از کشورهای مختلف برای تحصیل به این شهر می‌آمدند. این تنوع فرهنگی در محیط دانشجویی برایم بسیار جذاب بود. حدود ۹۸ درصد مردم اوکراین باسواد هستند و بیش از ۶۰ درصد زنان تحصیلات دانشگاهی دارند. چیز دیگری که برای

1 Kharkiv

من بسیار جذاب بود، این بود که آن‌ها اعتقاد دارند که نسل از زن ادامه پیدا می‌کند. در مدتی که در خارکیف زندگی می‌کردم، مردم آنجا را بسیار مثبت‌اندیش و خوش‌فکر دیدم. آن‌ها به‌صورت اعجاب‌انگیزی می‌توانستند ساعت‌ها از گُلِ کوچک و کم‌جانی تعریف کنند که از میان برف‌ها سر برآورده بود. این نگرش باعث شد من نیز در هر چیزی که در اطرافم وجود داشت، به دنبال زیبایی بگردم .چیز دیگری که به‌سرعت یاد گرفتم، راه رفتن روی یخ بود. روزی در مسیر خانه به کلاس زبان، متوجه یخ‌بندان شدید در پیاده‌رو شدم. فکر می‌کردم نمی‌توانم راهم را ادامه دهم، اما به مردمی نگاه کردم که بدون بر هم خوردن تعادلشان روی یخ راه می‌رفتند. آن‌ها با تمرکز زیاد، پاهایشان را روی یخ می‌کشیدند تا تعادل خود را حفظ کنند. من هم مانند آن‌ها شروع به حرکت کردم.

تازه داشتم با این‌همه تفاوت کنار می‌آمدم که دندان‌درد شدیدی به سراغم آمد. تصمیم گرفتم به دندان‌پزشک مراجعه کنم. دندان‌پزشک از من پرسید که باردار نیستم؟ البته که نبودم. با خنده و مسخره‌بازی جواب دادم: «البته که نه!» قرار نبود باردار باشم...

قرار نبود. قرار نبود خیلی از اتفاقات در زندگی من بیفتد. اما افتاد و من فقط تماشاگر بودم. همین‌قدر دور، همین‌قدر خنثی. تفاوت آب‌وهوا حالم را بد می‌کرد و بوهای اطرافم حالم را به هم می‌زد. به‌خاطر تغییرات آب‌وهوای اوکراین مجبور شدم داروهای مختلفی مصرف کنم، اما با مصرف قرص‌ها حالم بدتر و بدتر می‌شد. آن‌قدر حالم بد شد که دوباره پیش پزشک رفتم و او به من خبری داد که زندگی مرا کاملاً عوض کرد. شوکه شده بودم و مغزم از کار افتاده

بـود. پزشـک بـه مـن خبـر داد کـه شـش هفتـه اسـت بـاردار هسـتم.

باردار بودم!

مغـزم از کار افتـاد. بعـد از شـوک اولیـهٔ بعـد از شـنیدن خبـر بـارداری، قبـل از اینکـه هـر احساسـی در دلـم شـکل بگیـرد تـرس شـکل گرفـت. تمـام داروهایـی کـه اسـتفاده کـرده بـودم از جلـو چشـمانم رد شـدند: داروهایـی کـه بهخاطـر تغییـرات آبوهـوا مصـرف کـرده بـودم، مسـکنهایی کـه بـرای بهتـر شـدن حالـم خـورده بـودم، عکـس دندانـی کـه گرفتـه بـودم...! تصمیـم گرفتـم بـا چنـد پزشـک مشـورت کنـم. یکـی از پزشـکان بـرای کورتـاژ بـه مـن وقـت داد. نمیخواسـتم حتـی تصـور کنـم کـه بچـهٔ معلولـی داشـته باشـم. دم در بیمارسـتان نشسـتم: «آخـر چـرا؟»

تصمیـم سـختی بـود؛ سـختتر از آن بـود کـه فکـر میکـردم. منطـق چیـزی را میگفـت کـه قلبـم آن را قبـول نمیکـرد. تنهـا زندگـی مـن نبـود کـه چنیـن تصمیمـی آن را دسـتخوش تغییـر میکـرد. بـه قلـب کوچکـی فکـر کـردم کـه قـرار بـود بـه تپـش آن پایـان دهـم. شـروع بـه گریـه کـردم. عـزادار کودکـی بـودم کـه داشـتم شـانس در آغـوش کشـیدن او را از خـودم دریـغ میکـردم. در خودخواهانهتریـن حالـت ممکـن، تصمیـم گرفتـم کـه ایـن شـانس را از خـودم دریـغ نکنـم؛ شـانس مـادری کـردن را.

قـرار نبـود حالـم بهتـر شـود! تمـام دوران بـارداری مـن در بیمارسـتان و کلاس زبـان سـپری شـد. در مـاه هفتـم بـارداری بـه مـدت یـک مـاه در بیمارسـتان بسـتری شـدم و دیکشـنری بزرگـی را بـا خـودم بـردم. وقتـی دکترهـا بـالای سـرم میآمدنـد، دیکشـنری را بـاز میکـردم و بـا کمـک آن از حرفهایشـان سـر درمـیآوردم. قـرار بـود بـارداری راحتتـر شـود، امـا لحظـه بـه لحظـه دشـوارتر میشـد. بـه جایـی رسـیدم کـه احسـاس

کـردم هرگـز بهتـر نخواهـم شـد.

بـاران می‌باریـد. صـدای قطـرات بـاران را به‌وضـوح می‌شـنیدم. تـرس، درد، حـال بـد و فضـای بیمارسـتان را، بعـد از گذشـت این‌همـه سـال، کامـلاً یـادم هسـت. ۲۰ ژوئـن بـود کـه پسـرم تصمیـم گرفـت زوتـر از موعـد پـا بـه جهـان بگـذارد. نـه علائـم زایمـان را داشـتم و نـه درد زایمـان را. داروهـای مختلفـی بـه مـن تزریـق شـد تـا فراینـد زایمـان تسـریع شـود. ۹ سـاعت تمـام عـذاب کشـیدم. بنـد نـاف دور گـردن پسـرم پیچیـده بـود و وقتـی بـه دنیـا آمـد نفـس نمی‌کشـید. دکترهـا دورش جمـع شـده بودنـد تـا نجاتـش دهنـد. نمی‌دانـم چقـدر طـول کشـید، امـا بـرای مـن یـک عمـر گذشـت تـا صـدای نفـس کشـیدنش را شـنیدم. در اوج درد و دلواپسـی، سـر تـا پـا چشـم شـدم و نگاهـش کـردم: «سـالم اسـت یـا نـه؟» سـالم بـود، امـا به‌خاطـر کمبـود اکسـیژن سـیاه و کبـود شـده بـود. شـش ردیـف مـوی سـیخ بـالای سـرش داشـت. کُرک‌هـای بلنـد نـوزادی روی بازوهایـش روی هـم خوابیـده بـود. یـک چشـمش را بـاز کـرده بـود؛ انـگار زور کافـی نداشـت کـه دومـی را هـم بـاز کنـد. دلـم لرزیـد. درسـت از همـان لحظـه فهمیـدم قـرار اسـت قلبـم جایـی بیـرون از سـینه‌ام بتپـد. قلبـم، جانـم و وجـودم بـه وجـودی بنـد شـده بـود کـه بـه مـن شـانس مـادر شـدن را داده بـود.

خوشـیِ همـان اولیـن لحظـه‌ای کـه دیدمـش، تمـام سـختی‌های مهاجـرت، بیمارسـتان و درد زایمـان را شسـت و بـا خـودش بـرد. همـهٔ اتفاقـات را بـا خـودم مـرور کـردم؛ تمـام ایـن سـختی‌ها می‌ارزیـد تـا پسـری مثـل او داشـته باشـم. او بهتریـن اتفـاق زندگـی‌ام بـود.

ملاقات با خدا در کالیفرنیا

سـال ۲۰۱۵ بـه همـراه خانـواده از اوکرایـن بـه آمریـکا مهاجـرت کـردم.

دیدگاه‌هایی درباره کوچینگ

همسرم در رفت‌وآمد بود. زمان‌های زیادی من و پسر نوجوانم تنها بودیم. کالیفرنیای زیبا مرا مسحور زیبایی خودش کرده بود. پر از هیجان بودم. ملاقات با افراد گوناگون از فرهنگ‌های مختلف بسیار دل‌انگیز بود. این بهشت زیبا با سواحل وسیع و جنگل‌های سرسبز قلبم را سرشار از زیبایی می‌کرد. اما بعد از مدتی، این زندگی مدرن و جذاب رفته‌رفته برایم عادی شد. آن‌وقت بود که احساس کردم یک خلاء بزرگ در زندگی‌ام به وجود آمده است: دیگر هیچ پلی نمی‌توانست میان من و همسرم ارتباطی بسازد. زندگی مدرن چهرهٔ واقعی خود را نمایان کرده بود. سال ۲۰۱۸، همسرم ما را ترک کرد. رفتن او فشار مالی و روحی مضاعفی به من و پسرم وارد کرد.

شکسته بودم، اما به‌خاطر پسرم باید قوی می‌ماندم. کرونا شروع شده بود و زندگی کردن برای همه دشوار بود، اما برای من که تازه داشتم تکه‌های زندگی ازهم‌گسستهٔ خودم را جمع می‌کردم، فشار روانی بیشتری به همراه داشت. به خودم آمدم و دیدم دوباره در مطب پزشک هستم. این بار هم پزشک خبر شوکه‌کننده‌ای برای من داشت، اما این بار این خبر اصلاً خوشحال‌کننده نبود. دفعهٔ قبل فهمیدم قرار است زندگی‌ام تغییر کند و بعد پسرم، ارزشمندترین دارایی من، کنارم بود. این بار هم قرار بود زندگی‌ام تغییر کند.

از بیمارستان بیرون آمدم و تصمیم گرفتم همان کاری را بکنم که سال‌ها پیش کرده بودم. باید می‌پذیرفتم و مبارزه می‌کردم! سرطان فقط اسم ترسناکی دارد.

با تشخیص سرطان سینه، فرایند جراحی و درمان من آغاز شد. درد برای من قابل تحمل بود، اما غمی را که در چشمان پسرم می‌دیدم

نمی‌توانستم تحمل کنم. حالا که سال‌ها از آن زمان می‌گذرد، حس می‌کنم بهترین سال‌های رشد من همان سال‌های درد بوده است. درواقع، بیماری مرا وارد مراحل مختلف روحی کرد. اول ترسیدم، تا حد مرگ ترسیدم. بارها مسیر زندگی خودم را مرور کردم. بعد، از ترس به شکرگزاری رسیدم؛ از مادر مهربانم، پسر دلواپسم، از بودنم! از لحظه‌لحظهٔ زندگی‌ای که داشتم، از غم‌ها، دردها و رنج‌ها. دیدگانم را شستم و دنیا را به رنگ دیگری دیدم. سرطان مرا به ملاقات خدا برد. وقتی به عقب نگاه می‌کنم، به این نتیجه می‌رسم که بیماری برای من پربارترین سال‌های زندگی را به ارمغان آورد. حالا هر روزی را که شروع می‌کنم، انگار یک زندگی جدید را شروع کرده‌ام. از بودنم سپاس‌گزارم!

سفری به عمق وجود: از مهاجرت و بیماری تا قدرت و آگاهی

این فصل به سفری از معصومیت جوانی تا حقیقت میان‌سالی پرداخته است. زندگی، با تمام پیچیدگی‌ها و زیبایی‌هایش، گاهی به ما درس‌های ارزشمندی می‌آموزد و دنیای جدیدی را به ما نشان می‌دهد. تجربه‌های من از تهران تا خارکیف و سپس مهاجرتم به کالیفرنیا، همچون دوره‌های کوچینگ[1]، به من کمک کرد تا به عمق واقعی زندگی پی ببرم و در هر مرحله از زندگی، از ضعف‌ها و قوت‌هایم بیاموزم.

مهاجرت به اوکراین، با تمام سختی‌ها و مشکلاتش، به من یاد داد که چگونه با تغییرات و چالش‌ها روبه‌رو شوم و در هر بحران، فرصتی برای رشد بیابم. درست همان‌طور که در فرایند کوچینگ می‌آموزیم، این دوره از زندگی‌ام به من آموخت که چگونه با

---

1 Coaching

دیدگاه‌هایی درباره کوچینگ

پذیرش و تحلیل چالش‌ها، می‌توانم مسیر موفقیت را ترسیم کنم و از هر تجربه به‌عنوان فرصتی برای تحول بهره ببرم. مواجهه با درد و رنج‌های ناشی از بارداری و مشکلات بهداشتی، نشان داد که چگونه می‌توانم با هدایت درست و استفاده از منابع داخلی، به اهداف مورد نظرم دست پیدا کنم و از هر چالش، درسی ارزشمند بیاموزم.

مهاجرت به آمریکا و مواجه شدن با مشکلات جدید، ازجمله فشارهای مالی و روحی، به من یادآوری کرد که در هر شرایطی باید رو به جلو حرکت کرد و هر تغییر را به فرصتی برای تحول تبدیل کرد. این مشابه با یادگیری تکنیک‌های جدید در کوچینگ و به‌کارگیری آن‌ها برای عبور از موانع است. دست‌وپنجه نرم کردن با بیماری و مقابله با سرطان، تجربه‌های عمیقی از زندگی را برایم به ارمغان آورد و نشان داد که چگونه با امید و ایمان به زندگی ادامه دهم و به‌خاطر هر لحظه‌ای که زندگی به من هدیه داده، قدردانی کنم. در کوچینگ، این فرایند مشابه با یافتن منابع درونی و تقویت آن‌ها برای مواجهه با چالش‌ها و پیشرفت است.

در پایان، باید بگویم که زندگی، با تمامی فرازونشیب‌هایش، یک سفر پر از یادگیری و رشد است. با پذیرش و مقابله با چالش‌ها می‌توانیم به دنیای جدیدی قدم بگذاریم و از هر تجربه، درس‌هایی گران‌بها بیاموزیم. از هر لحظهٔ زندگی سپاس‌گزارم و امیدوارم این داستان الهام‌بخش کسانی باشد که در مسیر خود به دنبال تغییر و پیشرفت هستند و از فرایندهای کوچینگ برای دستیابی به اهدافشان بهره می‌برند.

از معصومیت
تا حقیقت

دربارۀ نویسنده

لیلا هوشیاری تجربه و درک عمیقی از معنای واقعی زندگی دارد. او به‌عنوان مهاجر، مادری سخت‌کوش و فردی شاغل و مستقل، مسیرهای سخت زندگی را پشت سر گذاشته و از این تجارب برای کمک به دیگران بهره برده است. لیلا به‌خوبی می‌داند که چگونه می‌توان در مواجهه با چالش‌ها و مشکلات، به آرامش رسید و از پیچ‌وخم‌های زندگی عبور کرد. این دانش به او این توانایی را داده است تا به‌عنوان یک کوچ، به افراد کمک کند تا با شناخت عمیق از خود و توانمندی‌هایشان، به اهدافشان برسند و بر مشکلات فائق آیند.

لیلا در تهران به دنیا آمد و تحصیلات اولیۀ خود را در رشتۀ مدیریت بازرگانی در تهران به پایان رساند. پس از اتمام تحصیلات، به اوکراین

دیدگاه‌هایی درباره کوچینگ

مهاجرت کرد و در سال ۱۹۹۹ صاحب یک پسر شد. او به‌عنوان مادری دلسوز، هم‌زمان با انجام وظایف مادری، مدرک کارشناسی و مدرک مدیریت کسب‌وکار خود را از یکی از معتبرترین دانشگاه‌های اوکراین کسب کرد. زندگی در اوکراین به او این امکان را داد تا با فرهنگ‌ها و تأثیرات دوران کمونیسم آشنا شود و تحولات فرهنگی بعد از فروپاشی شوروی را تجربه کند.

لیلا در سال ۲۰۱۵، به همراه خانواده‌اش به کالیفرنیا مهاجرت کرد. چند سال پس از مهاجرتش به کالیفرنیا، در سال‌های همه‌گیری کرونا با بیماری سرطان مبارزه کرد. او با شجاعت و عزم راسخ، به خودشناسی عمیقی رسید و این تجربه‌ها به او کمک کرده است تا به‌عنوان یک کوچ، به دیگران در یافتن هدف‌ها و توانمندی‌هایشان یاری رساند.

لیلا با تکیه بر تجربیات شخصی و حرفه‌ای خود، اکنون به‌عنوان یک کوچ و مشاور، به افراد کمک می‌کند تا از موانع و چالش‌های زندگی عبور کنند و به تحقق اهداف خود بپردازند.

راه‌های ارتباط با نویسنده:

✉ Leilahoushyri@gmail.com
📞 +1 (714) 770-3215
📷 @leila.microbrows